Libro
Integrado

2 PRIMARIA

Ejercicios de todas las asignaturas

LAROUSSE

Dirección editorial
Tomás García Cerezo

Editor responsable
Sergio Ávila Figueroa

Redacción
Ana Luisa Esquivel Santos, Rosamary Ruiz González, Sergio Ávila Figueroa

Diseño y formación
Estudio Creativos

Corrección
Estudio Creativos

Ilustración
Rodrigo Sáinz González, © 2020 Shutterstock, Inc.

Diseño de portada
Ediciones Larousse, S.A. de C.V., con la colaboración de Rubén Vite Maya

Ilustración de portada
© 2020 Shutterstock, Inc.

Coordinación de edición técnica
Héctor Rafael Garduño Lamadrid

Coordinación de salida y preprensa
Jesús Salas Pérez

ISBN: 978-607-21-2347-2

Libro Integrado 2 Primaria

D.R. © MMXVI Ediciones Larousse, S.A. de C.V.
        Renacimiento 180, Col. San Juan Tlihuaca, C.P. 02400
        Azcapotzalco, Ciudad de México

Primera edición - Quinta reimpresión

Impreso en México – *Printed in Mexico*

En Hachette Livre México usamos
materias primas de procedencia
100% sustentable

Este libro fue creado con el propósito de apoyar el proceso de aprendizaje de los estudiantes que cursan la educación primaria.

El principal objetivo de la educación es potenciar al máximo las capacidades, habilidades e inteligencia de los alumnos en el proceso de enseñanza; por lo cual, al desarrollar los contenidos del libro, se siguieron los nuevos planes y programas del actual modelo educativo que buscan que los niños de México reciban una educación de calidad que les permita ser individuos responsables, independientes y comprometidos con su país.

Por ser un libro integrado aborda todas las asignaturas del grado. En cada una se presentan textos informativos con breves explicaciones de los temas, así como ejercicios y actividades que permiten encontrar sentido a lo que se aprende y vincularlo con la realidad mediante las oportunidades de aprendizaje que se encuentran en la familia, la comunidad y la escuela.

Se incluyen también hojas de repaso, que apoyan la repetición y afianzan lo aprendido.

Adicionalmente, en este grado se incluyeron ejercicios para la práctica de la correcta caligrafía.

Para promover la convivencia se presentan actividades y ejercicios que se deben trabajar en equipo o con algún compañero o familiar, integrando de esta manera al alumno dentro de su comunidad, escuela y familia.

Se tuvo especial cuidado en brindar a los alumnos ejercicios que les permitan de manera amena y dinámica profundizar y practicar los temas vistos en la escuela.

Finalmente, por ser el maestro la principal guía educativa durante la etapa escolar primaria, se le da gran importancia a la supervisión y asesoramiento de los profesores en cada ejercicio y actividad que se presentan. Para facilitar la revisión del trabajo se puso al final del libro una sección con las respuestas de todos los ejercicios.

Esperamos que este **Libro Integrado** sea de gran ayuda para todos y forme parte de la vida escolar y del crecimiento de los alumnos. En Larousse estamos comprometidos en brindar herramientas útiles para mejorar la calidad de la educación en nuestro país.

Indicador de asignatura

Título
Es descriptivo; nos dice cuál es
el tema que vamos a trabajar.

Aprendizaje esperado
Está tomado literalmente del
programa de la SEP y nos
dice lo que vamos a aprender
con esta lección.

Eje
Indica el Eje Temático que se
está trabajando, de acuerdo
con lo que marca la SEP.

Tema
Indica el tema que
marca el programa
de la SEP.

**Cápsula de
introducción**
Aporta información
útil para comprender
mejor los contenidos.

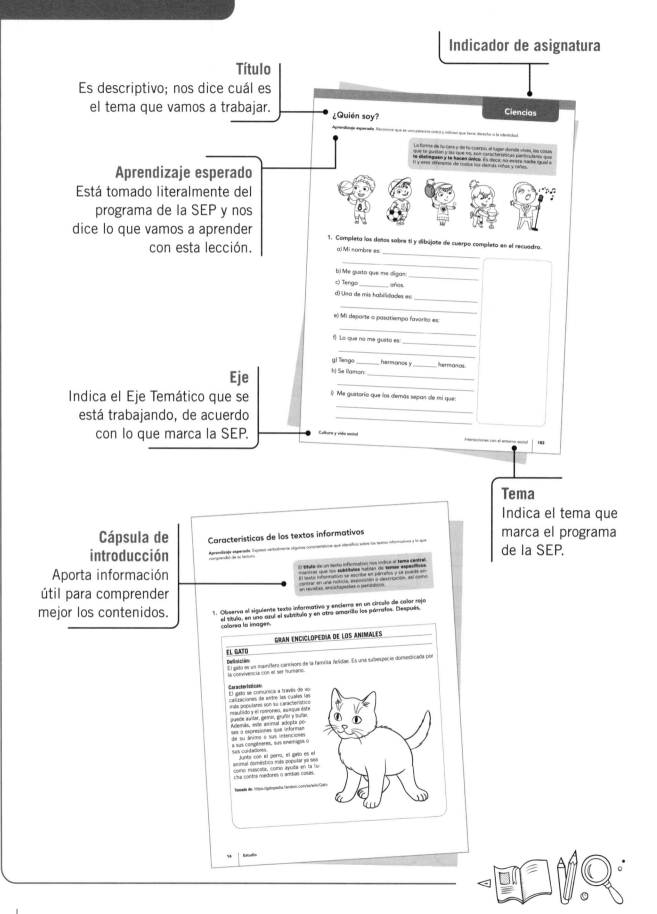

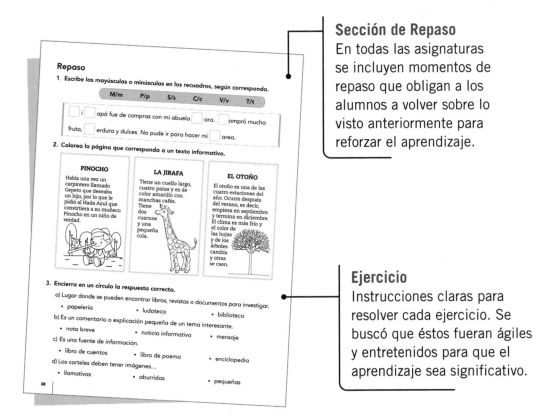

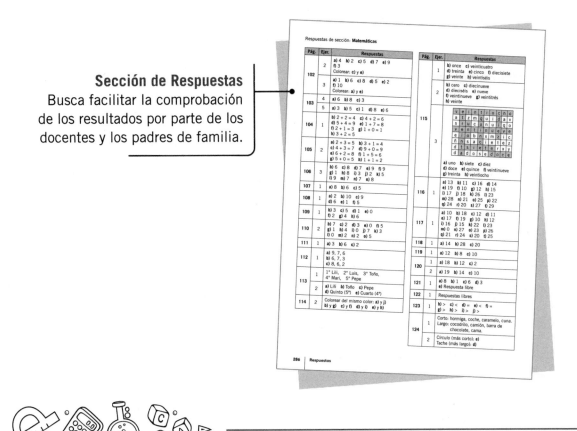

Contenido

Español **9**

   Repaso 38

   Repaso 70

   Repaso 99

Matemáticas **101**

   Repaso 130

   Repaso 158

   Repaso 180

Conocimiento del Medio **183**

   Repaso 205

   Repaso 227

   Repaso 249

Educación Socioemocional **251**

   Repaso 260

   Repaso 270

   Repaso 280

Respuestas **281**

   Español 281

   Matemáticas 286

   Conocimiento del Medio 291

   Educación Socioemocional 295

El alfabeto

Aprendizaje esperado. Reconoce y escribe las letras del alfabeto respetando su orden.

1. Remarca las mayúsculas. Después, cópialas en la cuadrícula siguiendo los trazos como se indica.

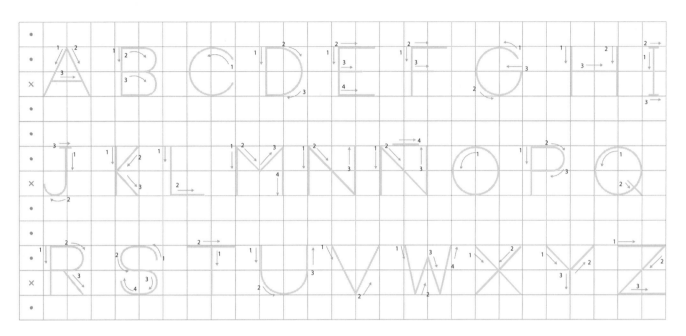

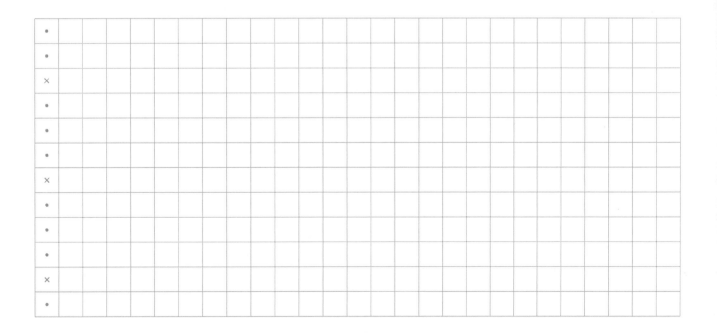

2. Remarca las letras minúsculas y los números del 1 al 10. Después, cópialos en la cuadrícula siguiendo los trazos como se indica.

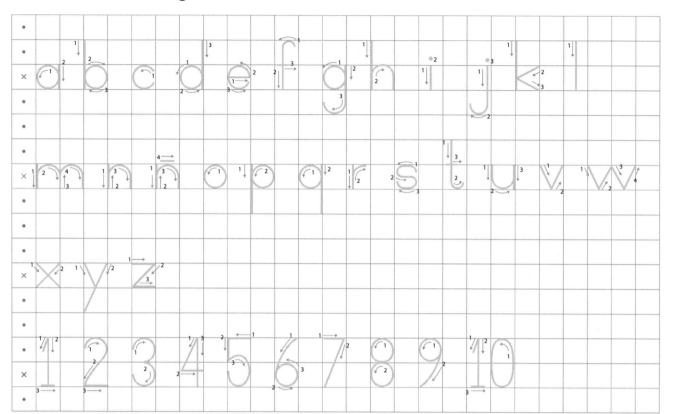

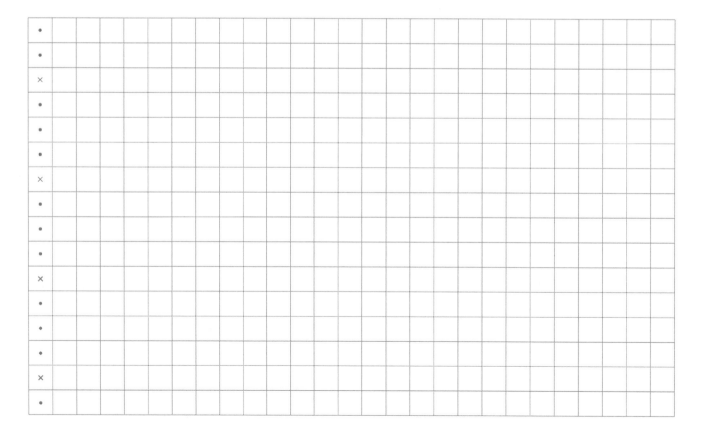

3. Remarca los siguientes nombres. Después, escríbelos en la cuadrícula en orden alfabético.

Jerónimo   Octavio   Rosario

Daniela   Manuel   Karla

Alberto   Sandra   Fernando

Luisa   Tomás   Isabel

La biblioteca escolar

Aprendizaje esperado. Utiliza los acervos de los que dispone para seleccionar, explorar y leer diversos materiales de lectura.

> Una **biblioteca escolar** es el lugar donde se pueden encontrar **libros** o **documentos** que contienen **información** sobre algún tema; debido a esto, son el mejor lugar para buscar o consultar información.
>
> En la biblioteca, los libros se acomodan por **orden alfabético** y se pueden guardar por autor, por título o por tema.

1. Observa los siguientes libros y encierra en un círculo los que puedes encontrar en la biblioteca de tu escuela.

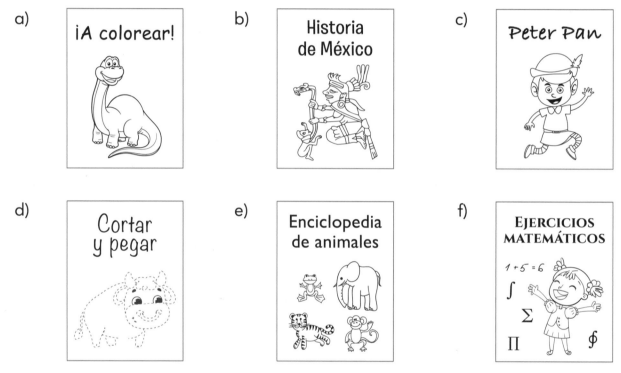

a) ¡A colorear!

b) Historia de México

c) Peter Pan

d) Cortar y pegar

e) Enciclopedia de animales

f) EJERCICIOS MATEMÁTICOS
$1 + 5 = 6$
$\int$ Σ Π $\oint$

2. Ordena alfabéticamente los títulos de los siguientes libros y acomódalos en el librero escribiendo el inciso en cada lomo.

a) Las aves

b) Enciclopedia del conocimiento

c) Grandes ciudades del mundo

d) Ricitos de oro y los tres osos

e) Animales salvajes

f) Maravillas del mundo

Cuido y organizo los libros de la biblioteca

Aprendizaje esperado. Participa en el cuidado de los materiales de lectura y en la organización de los acervos.

> En la **biblioteca** debe haber un **ambiente tranquilo**. Es importante **respetar** el **orden** y las **reglas** de la biblioteca como cuidar los libros, ordenarlos después de utilizarlos, devolverlos y guardar silencio.

1. **Marca con una ✔ las imágenes que representan lo que sí puede hacerse en la biblioteca y con ✗ las que indican un mal comportamiento.**

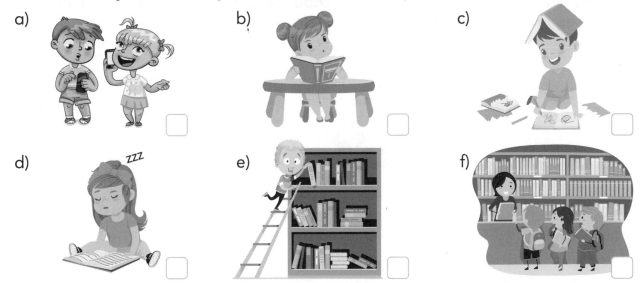

a) b) c)

d) e) f)

2. **Ordena los libros uniendo cada título con el estante al que pertenecen.**

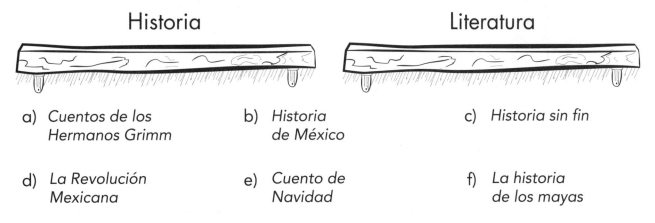

Historia   Literatura

a) *Cuentos de los Hermanos Grimm*   b) *Historia de México*   c) *Historia sin fin*

d) *La Revolución Mexicana*   e) *Cuento de Navidad*   f) *La historia de los mayas*

3. **Reflexiona y contesta.**

a) ¿Por qué crees que es importante cuidar los libros y colocarlos en su lugar después de utilizarlos?

_____

_____

Los textos informativos y los textos literarios

Aprendizajes esperados. Diferencia los textos informativos y los textos literarios. Elige con base a sus preferencias un material de lectura.

En la biblioteca se pueden encontrar libros con textos informativos y con textos literarios. El **texto informativo** es el que explica **hechos reales** como la historia, la vida de los animales, etcétera. **El texto literario** es el que se basa en **hechos imaginarios** como novelas, cuentos, fábulas.

1. Observa las siguientes portadas y escribe sobre la línea si es un texto informativo o es un texto literario, según corresponda.

a) _____ b) _____ c) _____ d) _____

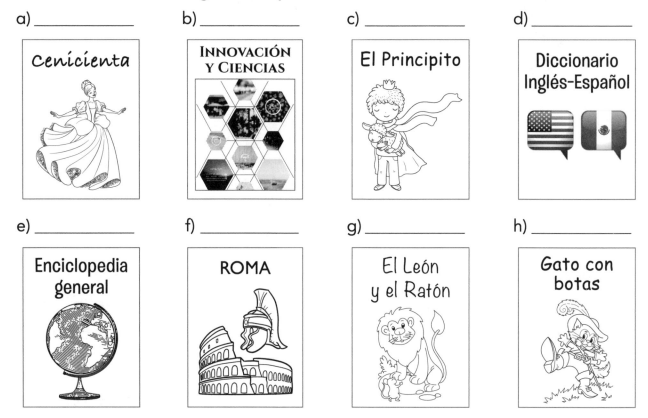

e) _____ f) _____ g) _____ h) _____

2. Contesta las siguientes preguntas.

a) ¿Has leído alguno de los libros de arriba? ¿Cuál? _____

b) Elige tres libros que te gustaría leer de las portadas de arriba y escríbelos. Después explica por qué los elegiste.

_____

_____

c) ¿Elegiste más textos literarios o informativos? ¿Por qué?

_____

Recomiendo y presento libros

Aprendizajes esperados. Recomienda materiales de lectura de su preferencia. Presenta al grupo el material de lectura seleccionado, comenta, con sus palabras el contenido y expresa por qué le gusta.

1. **Piensa en los libros que has leído, ya sean textos literarios o informativos, y elige el que más te haya gustado. Léelo de nuevo y completa lo que se pide en el cuadro.**

MI LIBRO FAVORITO

Título: _____

Autor: _____

Tipo de texto: _____

Trata sobre: _____

_____

_____

_____

_____

_____

_____

Me gusta porque: _____

_____

_____

_____

_____

_____

_____

Mi parte favorita es:

_____

_____

_____

_____

_____

_____

_____

Ilustración

Aprendo más de las cosas

Aprendizajes esperados. Selecciona diversos textos informativos para conocer más sobre un tema. Explora textos en los acervos para seleccionar aquellos que le permiten saber más sobre el tema que le interesa.

1. **Imagina que tienes que investigar sobre las abejas. Recuerda que primero debemos buscar información sobre el tema. Elige los textos que pueden servirte y coloréalos.**

a)

LAS ABEJAS

Las abejas son insectos que vuelan con características parecidas a las avispas y las hormigas. Son conocidas por su ayuda en la polinización y por producir miel y cera de abejas.

c)

Las abejas son grandes constructoras. Los panales están entre las construcciones mejor diseñadas de la naturaleza: sus paredes se juntan en ángulos de 120 grados, formando hexágonos completos.

b)

Había una vez una abeja con mal genio, grosera y sin paciencia. Porque era enojona, la abeja nunca veía nada hermoso, tampoco saludaba o hablaba con nadie. Un día cayó al agua y, por malhumorada e impaciente, no pudo darse cuenta que el agua era sólo un charco muy pequeño del que cualquiera podría salir.

d)

La abejita doña Cleta trabajaba en la colmena apenas salía el sol visitaba el girasol.

2. **Busca en un texto informativo información sobre las abejas y escríbela en las líneas de abajo. No olvides escribir el título, el autor y la fuente informativa.**

¿Cuál es mejor?

Aprendizaje esperado. Utiliza diferentes indicadores como título, subtítulo, estructura, ilustraciones para seleccionar materiales que puedan cumplir con sus propósitos.

1. Colorea de azul los círculos de los libros que sirvan para buscar información acerca de un proyecto relacionado con la salud.

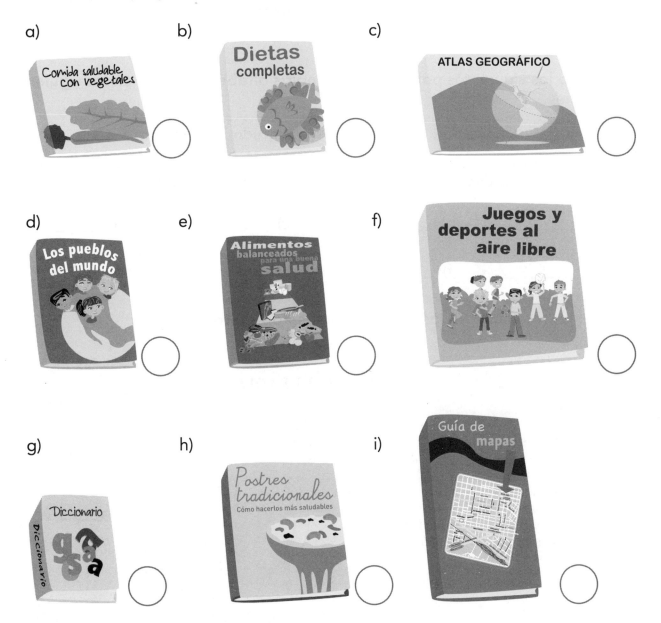

2. ¿Qué puedes encontrar en los materiales que seleccionaste? Recuerda escribir con mayúscula al inicio y colocar el punto final.

_____

_____

_____

El diccionario

Aprendizajes esperados. Infiere el significado de palabras desconocidas. Aprende el orden alfabético para buscar palabras en el diccionario.

> Un **diccionario** es un **listado** de las **palabras** de un idioma ordenadas **alfabéticamente** que proporciona su **significado**, etimología y ortografía.

1. Observa las siguientes palabras y ordénalas alfabéticamente en los siguientes renglones.

marioneta	hortaliza	zancudo	cardíaco

jicotillo	barómetro	rastrillo	tráquea

a) _____ b) _____ c) _____ d) _____

e) _____ f) _____ g) _____ h) _____

2. Lee el texto y fíjate en las palabras que están subrayadas.

LA FIESTA DE LOLA

Como todos los años, Lola celebra su cumpleaños con una fiesta. Este año quiere que sea una celebración <u>colosal</u> a la que asistan todos sus amigos y familiares. Para que su casa se viera hermosa, Lola compró los <u>ornamentos</u> más bonitos que encontró y llenó su casa de globos. Todo está listo: el pastel, la piñata, los dulces y la comida. Sólo falta que lleguen los <u>convidados</u>.

3. Escribe el significado de las palabras que se encuentran subrayadas en el texto anterior. Primero escribe lo que crees que significan y después búscalas en el diccionario. Compáralos y contesta si estuviste en lo correcto.

a) Colosal

- Creo que significa: _____

_____

_____

- Según el diccionario significa: _____

_____

_____

- Estuve en lo correcto: Sí _____ No _____

b) Ornamentos

- Creo que significa: _____

_____

_____

- Según el diccionario significa: _____

_____

_____

- Estuve en lo correcto: Sí _____ No _____

c) Convidados

- Creo que significa: _____

_____

_____

- Según el diccionario significa: _____

_____

_____

- Estuve en lo correcto: Sí _____ No _____

Las cosas cambian

Aprendizaje esperado. Identifica algunos procesos sociales que suceden en su entorno próximo y selecciona uno que sea de su interés.

> ¿Te has fijado que en tu **comunidad** y en el **mundo** las cosas **cambian**? Muchas situaciones que antes no considerabas imporantes, ahora lo son, como el cuidado del medio ambiente. Por otro lado, cuando una conducta se repite continuamente se llama **proceso social**.

1. **Observa los libros y traza una línea para unirlos con el proceso social al que corresponden.**

   a) La Revolución Mexicana

México independiente

Cuido mi planeta

   b) El uso de internet

Las computadoras y la información

   c) La guerra de Independencia

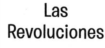

Las Revoluciones

   d) El cuidado del medio ambiente

Busco y encuentro

Aprendizaje esperado. Busca información utilizando los materiales de lectura de los acervos, publicaciones periódicas y entrevistas sencillas a miembros de la familia, escuela y comunidad.

> Para conocer más acerca de un tema, es necesario **recopilar información** en diferentes fuentes como los **libros**, los **periódicos**, las **revistas** e **internet**. Después, se eligen los datos más importantes de cada fuente y se realizan notas o resúmenes propios.

1. **Responde las siguientes preguntas.**

   a) ¿En qué libro buscas el significado de las palabras?

   _____

   b) ¿Dónde puedes encontrar reportajes de moda, espectáculos o temas de interés general como el medio ambiente, los viajes, etc.? _____

   c) ¿Qué libros cuentan historias maravillosas, de terror, ciencia ficción o narran detalles curiosos de la vida de los seres humanos de diferentes partes del mundo?

   _____

   d) ¿En qué tipo de publicación puedes encontrar las noticias y la programación de diferentes eventos, entre otros?

   _____

   e) ¿Para qué sirve internet, en particular los buscadores y las páginas *web*?

   _____

La entrevista

Aprendizajes esperados. Explora diferentes carteles e identifica algunas de sus características. Reflexiona sobre la función de los carteles.

> Una **entrevista es una conversación que sirve para obtener información de un tema o de una persona** (sobre su vida o su trabajo, etc.) mediante el uso de una serie de preguntas. La persona que hace las preguntas se llama **entrevistador** y la persona que responde se llama **entrevistado**.

1. **Para conocer más sobre un proceso social es importante hablar con personas que lo vivieron. Lee la siguiente entrevista y responde lo que se pide.**

> Entrevistador: ¿Cuál fue su participación en la historia de México?
>
> Entrevistado: Yo inicié un movimiento que permitió que ya no dependiéramos políticamente de España.
>
> Entrevistador: ¿Considera que era necesario iniciar ese movimiento?
>
> Entrevistado: Sí, porque necesitábamos ser libres y formar una nueva nación.
>
> Entrevistador: ¿Cree que México ya es un país libre?
>
> Entrevistado: Sí, porque tenemos soberanía y nuestra propia constitución.

a) ¿Cómo se llama la persona a la que están entrevistando? _____

_____

b) ¿Cómo lo supiste? _____

c) ¿De qué proceso social crees que habla? _____

2. **Piensa en algo más que podrías preguntar al entrevistado y escríbelo en las líneas.**

3. **Lee las preguntas y subraya las que pueden utilizarse para hacer una entrevista sobre el cuidado del medio ambiente.**

   a) ¿Crees que México es un país libre?

   b) ¿Por qué debemos cuidar nuestro medio ambiente?

   c) ¿Qué crees que debes hacer cuando llegas a una nueva escuela?

   d) ¿Qué podemos hacer para cuidar nuestro ambiente?

   e) ¿En qué consiste reciclar la basura?

   f) ¿Para qué sirven las redes sociales?

4. **Elige un proceso social de los que se encuentran en los recuadros. Piensa en algunas preguntas que podrías hacer a un experto en el tema y escríbelas en las líneas.**

   El uso de internet para buscar información

   Conciencia del cuidado del medio ambiente

   Los derechos de los niños   El cuidado de la salud

   a) _____

   b) _____

   c) _____

   d) _____

Notas de un libro

Aprendizaje esperado. Registra en notas lo más relevante del proceso seleccionado encontrado en cada fuente.

1. Lee las siguientes notas.

a) Los niños y las niñas tienen derecho a tener un nombre, una nacionalidad que otorga el Estado cuando los llevan a registrar, y a recibir cuidados, cariño y atención. Tienen la obligación, como niños, de colaborar con sus padres en sus cuidados. Deben respetar la nacionalidad, costumbres y creencias de otros niños, y llamarlos por su nombre.

b) Los niños y las niñas tienen derecho a tener un nombre, nacionalidad e identidad, dependiendo del lugar donde nacen o son educados. También tienen obligación de colaborar en sencillas tareas y respetar a otras personas sean o no de su país.

2. Responde las siguientes preguntas.

a) ¿De qué tratan las dos notas?

_____

_____

b) ¿Qué diferencias encuentras entre las dos notas que leíste?

_____

_____

3. Investiga el proceso social que elegiste en la página 23. Utiliza diferentes fuentes y completa la siguiente tabla escribiendo tres notas breves. No olvides citar la fuente.

TEMA: _____	
Fuente informativa	**Nota breve**

4. Realiza un resumen con las notas que escribiste. Pon mucha atención en la ortografía y los signos de puntación. Pide a tu profesor que corrija el texto.

_____

_____

_____

_____

_____

_____

Los signos de puntuación: el punto y sus diferentes usos

Aprendizaje esperado. Revisa y corrige notas para corroborar el uso adecuado del punto.

1. Lee con atención el siguiente cuento.

UN PASTEL DIFERENTE

Hubo una vez un hombre al que todos conocían como don Paco. Vivía en Minatitlán, en el estado de Veracruz, y era el señor más tacaño del mundo.

Un día su vecina, una mujer muy pobre y de edad avanzada, le pidió por favor que le prestara un poco de harina y otro tanto de azúcar.

Como don Paco le había encargado su casa varias veces no se pudo negar y le dio lo que pedía. Sin embargo, en lugar de azúcar le dio sal, para que no volviera a molestarlo.

Al día siguiente la mujer llamó a la puerta de don Paco.

—Como hoy es su cumpleaños —le dijo—, vengo a traerle este pastel que hice con la harina y el azúcar que me prestó.

—¡No, no! —exclamó don Paco, sabiendo que el pastel estaba hecho con sal—. Mejor cómetelo tú.

La mujer insistió, y como en ese momento había ya otros vecinos que también fueron a felicitarlo, no tuvo más remedio que comerse el pastel enterito. ¡Con lo mal que sabía! Y así fue como don Paco pagó por su tacañería.

2. Responde las preguntas.

a) ¿Crees que don Paco actuó bien con su vecina?

_____

_____

_____

_____

_____

3. Contesta lo que se pide.

a) ¿Cuántos puntos y seguido hay en la lectura "Un pastel diferente"? _____

b) ¿Cuántos puntos y aparte hay? _____

c) ¿Cuántos puntos finales hay? _____

4. Coloca los puntos que hacen falta en el siguiente texto.

VISITA AL ACUARIO

Virginia y Vanesa fueron de visita al Acuario de Veracruz Primero entraron a la sala de los Tuxtlas, donde aprendieron mucho sobre el bosque tropical y las especies que viven ahí Luego vieron la gran pecera oceánica Les gustó mucho porque había muchos peces

Virginia quería ver a los tiburones, pero a Vanesa le daban mucho miedo, así que fueron juntas a la sala de las medusas

La exposición oral

Aprendizajes esperados. Presenta una exposición sobre temas de su localidad. Elige el tema de su exposición y expresa verbalmente por qué le interesa y por qué considera necesario hablar al respecto.

> **Exponer** es dar una **explicación oral** (**hablada**) sobre un tema o asunto **frente a un grupo** de personas. Para hacerlo, es necesario prepararnos y conocer bien el tema del que queremos hablar.

1. **Antes de exponer un tema, es necesario buscar y obtener información. Ayuda a Diego a obtener información sobre los leones. Relaciona la columna de la izquierda con la de la derecha de acuerdo con el tipo de fuente que necesita.**

   a) Hablar con un experto sobre cómo se comporta un león en cautiverio.

   b) Conocer el tipo de hábitat donde vive un león y obtener imágenes o fotos.

   c) Buscar la definición del león y sus características.

   d) Conocer cómo nacen los leones y su método para cazar, tipo de alimentación, etc.

   Diccionario

   Revista *National Geographic*

   Libro *Los leones*

   Entrevista con el encargado del zoológico

2. **Elige un tema relacionado con algún problema o situación en tu localidad que te resulte interesante y sobre el cual tus vecinos deban conocer más. Responde las preguntas.**

   a) ¿Qué tema elegiste? _____

   b) ¿Por qué te interesa este tema? _____

   _____

   _____

   _____

   c) ¿Por qué consideras que es necesario hablar del tema? _____

   _____

   _____

Registro mis notas

Aprendizaje esperado. Registra en notas lo más relevante del tema seleccionado para apoyar su exposición.

1. **Entrevista a alguna persona que conozca bien el tema que elegiste. Escribe tres notas con la información más importante y realiza un dibujo o pega una foto que se relacione con cada nota.**

a) Nota: _____

_____

_____

_____

_____

_____

b) Nota: _____

_____

_____

_____

_____

_____

c) Nota: _____

_____

_____

_____

_____

_____

Saber dónde buscar

Aprendizaje esperado. Busca información con ayuda del profesor, utilizando los materiales de lectura de los acervos, publicaciones periódicas y entrevistas sencillas a miembros de la escuela, familia y comunidad.

> Las **fichas bibliográficas** tienen los datos precisos de un libro, revista o materiales de audio y video.

1. **Lee la siguiente ficha bibliográfica y encierra en un círculo rojo el nombre de la obra y en azul el de la editorial. Después, subraya el nombre de la autora.**

Tordjman, Nathalie. *Animales al límite*.
España, Combel editorial, 2007,
pág. 173.

2. **Subraya la respuesta correcta.**

a) Una pregunta que se puede contestar con este libro es:

- ¿Qué aparatos funcionan con electricidad?

- ¿Cuáles son los animales más veloces del mundo?

- ¿Qué combustible contamina más?

b) Esta pregunta no se puede contestar con el contenido del libro.

- Generalmente, ¿cuántas crías tienen las águilas?

- ¿Qué tipo de árboles hay en la selva?

- ¿Qué peso pueden cargar las hormigas?

c) Una pregunta clara, precisa y escrita adecuadamente es:

- ¿Cuál es el animal más venenoso del mundo?

- ¿Cuál es el ave que vuela más rápido?

- ¿Qué comen los animales?

3. Escribe correctamente las partes del índice. Utiliza las palabras del rectángulo.

título principal   páginas   títulos de los temas

Índice

La aparición de los dinosaurios

Antes de los dinosaurios 6

¿Qué es un dinosaurio? 8

Caderas de dinosaurio..........................10

Por mar y por aire.................................12

El mundo del Triásico...........................14

El mundo del Jurásico 16

El mundo del Cretácico 18

4. Hasta ahora has leído la ficha bibliográfica de un libro y el índice de otro. Los dos hablan de animales, pero ¿cuál es la diferencia principal entre ambos libros? Escribe tu respuesta.

_____

_____

_____

_____

Corrigiendo notas

Aprendizaje esperado. Revisa y corrige con ayuda del docente, la coherencia y propiedad de sus notas: escritura convencional, ortografía.

1. Lee con atención los siguientes textos sobre el cuidado del medio ambiente y corrige los errores de ortografía y redacción. Después, vuélvelos a escribir de forma correcta.

a) Diariamente producimos 1.5 kilos de bazura persona. Si esa cantidad la multiplicas por los 365 días del año, te dara un total de 547 kilos,

_____

_____

_____

_____

b) Cuando reciclamos seahorran grandes cantidades de agua energía y dinero

_____

_____

_____

_____

c) El vidrio y el aluminio se pueden Reciclar un número ilimitado de veces

_____

_____

_____

_____

Así se verá mejor

Aprendizaje esperado. Recuerda lo trabajado sobre carteles en primer grado y lo aplica para elaborar los materiales de apoyo para su exposición.

1. Elabora el boceto de un cartel en el que darás a conocer información acerca de la salud. Básate en las ilustraciones que se muestran. Recuerda resaltar con letras mayúsculas, negritas o diferentes tamaños lo más importante de tu mensaje. Dilo en voz alta primero para que ubiques las partes a resaltar.

Los signos de puntuación: signos de admiración e interrogación

Aprendizaje esperado. Utiliza correctamente los signos de admiración e interrogación para elaborar oraciones admirativas e interrogativas.

> Las **oraciones interrogativas** sirven para preguntar (*¿Quieres jugar?*). Se escriben entre signos de interrogación (**¿?**).
>
> Las **oraciones admirativas** expresan enojo, susto, sorpresa (*¡Qué gusto verte!*). Se escriben entre signos de admiración (**¡!**).

1. **Lee la siguiente historia junto con un compañero o compañera.**

¡CUMPLEAÑOS FELIZ!

Un día, el jilguero apareció en el corral exclamando muy nervioso:
—¡Una noticia! ¡Traigo una gran noticia!
Nadie le hizo caso. Estaban acostumbrados a su constante afán por llamar la atención.
—¡Les digo que se trata de algo realmente importante! —insistió el pájaro.
La vaca, sin dejar de rumiar un manojo de alfalfa, preguntó indiferente:
—¿La cigüeña ha vuelto a la iglesia?
—No.
—¿Nos van a dar doble ración de comida? —quiso saber, esperanzado, el cerdo.
—Tampoco.
—¡Ya sé! —exclamó un pollito—. ¡El cielo se viene abajo!
—¿Qué dices, bobo? —lo reprendió su madre.
—¡Que sí, de verdad! Ya me ha caído un pedazo encima de la cola. Mira.
Y señaló con el pico un níspero que, de tan maduro, acababa de desprenderse de la rama. Indicación que aprovechó el cerdo rápidamente para metérselo en la boca.

Carmen Vázquez-Vigo, *¡Cumpleaños feliz!* Madrid, Bruño, 2003, pp. 15-16

2. Responde lo que se pide.

a) ¿Cuántos y cuáles personajes aparecen en la lectura?

_____

_____

_____

3. Revisa nuevamente la lectura y subraya con color azul las oraciones admirativas y con rojo las interrogativas. Después, copia sobre las líneas dos ejemplos de cada una.

_____

_____

_____

_____

4. Lee las siguientes oraciones y subraya con color rojo las interrogativas y con azul las admirativas.

a) ¿Cuántas manzanas quieres?

b) La música es uno de mis pasatiempos.

c) ¡Organiza tu cuarto!

d) Los pollitos son bonitos.

e) ¿Cómo te llamas?

f) ¡Cuántos juguetes tienes!

g) Los libros son interesantes.

h) ¿Qué harás mañana?

i) Los aviones me dan miedo.

j) ¡Me gustan tus zapatos!

k) ¿Te bañaste ayer?

l) Mi papá es muy delgado.

m) ¡Qué buen chiste!

n) Mañana es domingo.

¿Qué es un texto expositivo?

Aprendizajes esperados. Escribe textos sencillos para explicar un proceso social sobre el que ha indagado. Elige a partir de sus gustos e intereses, un proceso social que puede ser de su contexto próximo o ajeno a este.

> El **texto expositivo** es aquel que **expresa conceptos**, **ideas o hechos de forma objetiva**, es decir, que no se reflejan sentimientos, opiniones, ideas o pensamientos del autor. Consta de tres partes: la **introducción**, donde se indica el tema y su origen; el **desarrollo**, en el que se explica el tema, sus causas, temporalidad, consecuencias, etc., y la **conclusión**, donde se exponen los resultados o ideas finales.

1. **Lee con atención los siguientes textos sobre el agua y subraya los que son expositivos.**

   a) Yo creo que es muy importante cuidar el agua porque se puede acabar y es necesaria para vivir.

   b) Juan y María querían caminar por el arroyo para buscar agua, así que organizaron un paseo. Cuando llegaron se encontraron con un gran unicornio azul.

   c) El agua es importante para la vida de todos los seres vivos porque es indispensable para la supervivencia.

   d) Tres cuartas partes de nuestro cuerpo son agua, ya que está presente en todos los procesos del cuerpo humano. Si dejamos de tomarla, podemos morir en pocos días.

2. **Ordena los párrafos del siguiente texto expositivo. Escribe las palabras *introducción*, *desarrollo* o *conclusiones* según corresponda.**

   a) Se encuentra a 40 años luz, alrededor de una estrella que se conoce como "enana roja".

   _____

   b) "En algunas décadas conoceremos si somos los únicos en el universo", concluyó Thomas Zurbuchen, de la NASA.

   _____

   c) La NASA descubrió un sistema solar con siete planetas como la Tierra.

   _____

3. Elige algún proceso social que te interese e investiga sobre él. Después, escribe notas que respondan a las preguntas *qué, cómo, quiénes, cuándo, dónde, para qué* y *por qué*. Finalmente, escribe un texto expositivo utilizando el siguiente esquema.

INTRODUCCIÓN
(*qué, quiénes*)

_____

_____

_____

_____

_____

DESARROLLO
(*cómo, cuándo, dónde, por qué, para qué*)

_____

_____

_____

_____

_____

CONCLUSIONES
(ideas finales)

_____

_____

_____

_____

_____

Repaso

1. Marca con una ✗ las portadas que puedes utilizar para hacer una investigación sobre la salud.

2. Ordena alfabéticamente, del 1 al 4, las siguientes palabras. Después, busca el significado de las que no conozcas y escríbelo en los renglones.

☐ hortaliza   ☐ sumergir   ☐ moroso   ☐ vacante

_____

_____

3. Une los títulos con el tipo de texto que les corresponde.

a) **Pinocho**

b) Ciencias Naturales

c) **Pulgarcita**

d) Historia

Textos literarios   Textos informativos

4. Completa las frases.

a) La exposición _____ es dar una explicación hablada de un tema.

b) El _____ expositivo es dar una explicación _____ de un tema.

c) Los _____ son un apoyo visual cuando exponemos un tema.

5. Observa la ilustración y escribe los signos que faltan en cada oración.

a) __Dónde está mi zapato__

c) __Qué gusto verte__

b) __Cuándo llegarán__

d) __Me gusta mucho la Navidad__

6. Ordena del 1 al 4 los dibujos que representan los pasos para hacer una entrevista.

a)

c)

b)

d)

7. Resuelve el siguiente palabrama completando las palabras.

1) Figura de tres lados.

2) Resultado de 2 más 2.

3) Sonido de la rana.

4) Antes del segundo.

5) Se le dice a un perro enojado.

6) Va en la cabeza.

7) También se dice paraguas.

8) Contrario de pequeño.

1			Á	N	G	U	L	O
2	C	U	A					
3			A	R				
4			M	E	R	O		
5			V	O				
6	S	O	M			R	O	
7	S	O	M			L	L	A
8			N	D	E			

Los textos narrativos

Aprendizajes esperados. Lee textos narrativos sencillos. Explora diversos textos narrativos sencillos (cuentos, fábulas y leyendas).

> Los **textos narrativos** son **relatos literarios** de sucesos que se desarrollan en un **lugar** a lo largo de un determinado **espacio temporal**. Tienen **diversos personajes**, los cuales pueden ser **reales o imaginarios**.
>
> El **cuento**, la **fábula** y la **leyenda** son subgéneros sencillos y cortos de los textos narrativos. Aunque existen algunas **diferencias** entre ellos:
>
> - **Cuento**: es una historia imaginaria y sus personajes pueden ser personas, animales o cosas. Tienen autor.
> - **Fábula**: es una historia fantástica. Sus personajes casi siempre son animales o cosas y busca dar una enseñanza. Tienen un autor.
> - **Leyenda**: son anónimas, tienen su origen en hechos reales y sus personajes son personas o animales. Combinan fantasía y realidad.

1. **Lee los siguientes textos narrativos y escribe en el recuadro si corresponden a un cuento, fábula o leyenda.**

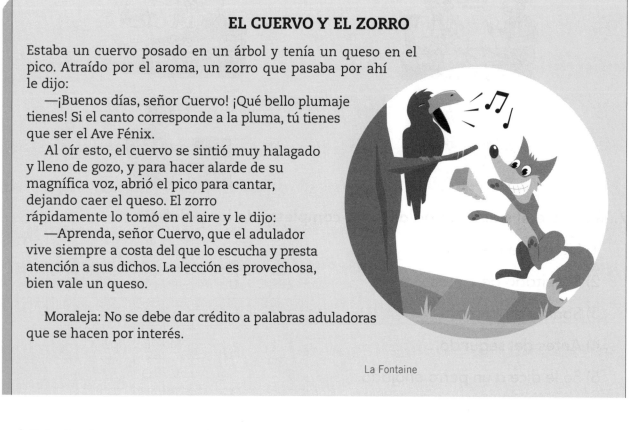

EL CUERVO Y EL ZORRO

Estaba un cuervo posado en un árbol y tenía un queso en el pico. Atraído por el aroma, un zorro que pasaba por ahí le dijo:

—¡Buenos días, señor Cuervo! ¡Qué bello plumaje tienes! Si el canto corresponde a la pluma, tú tienes que ser el Ave Fénix.

Al oír esto, el cuervo se sintió muy halagado y lleno de gozo, y para hacer alarde de su magnífica voz, abrió el pico para cantar, dejando caer el queso. El zorro rápidamente lo tomó en el aire y le dijo:

—Aprenda, señor Cuervo, que el adulador vive siempre a costa del que lo escucha y presta atención a sus dichos. La lección es provechosa, bien vale un queso.

Moraleja: No se debe dar crédito a palabras aduladoras que se hacen por interés.

La Fontaine

a) Este texto es: _____

EL MAÍZ

Cuentan que antes los aztecas se alimentaban de raíces y animales que cazaban, pero no podían comer maíz porque estaba escondido detrás de las montañas.

Los antiguos dioses habían intentado separar las montañas utilizando su fuerza, pero no lo consiguieron; así que los aztecas pidieron ayuda al dios Quetzalcóatl, quien no quiso emplear la fuerza, sino la inteligencia y la astucia. Se transformó en una hormiga negra y fue a las montañas acompañado de una hormiga roja a conseguir el maíz para su pueblo.

Quezalcóatl subió las montañas y cuando llegó a su destino, tomó entre sus mandíbulas un grano maduro de maíz e inició el duro regreso. Entregó el grano a los aztecas quienes plantaron la semilla y, desde entonces, tuvieron maíz para alimentarse.

Los aztecas se convirtieron en un pueblo próspero y feliz para siempre y desde entonces fueron fieles al dios Quetzalcóatl, a quien jamás dejaron de adorar por haberles ayudado cuando más lo necesitaban.

b) Este texto es: _____

EL GATO DORMILÓN

Había una vez un gato muy dormilón que se pasaba los días y las tardes enteras dormido en el sofá. Su dueño se preguntaba qué es lo que hacía el gato para quedar exhausto.

Una noche su dueño tuvo la idea de ir a buscarlo y ver si también dormía toda la noche, pero mientras bajaba la escalera pudo ver al gato sentado frente al acuario observando cómo dormía una tortuga. El dueño se quedó observando en silencio a su gato, quien despierto y sereno, estaba cuidando el sueño de su amiga la tortuga.

Al día siguiente pudo verlo como de costumbre, durmiendo en el sofá y entonces comprendió por qué el gato tenía tanto sueño durante el día, aunque no notó que la tortuga lo cuidaba desde su sitio en el acuario.

Alonso G, (adaptación)

c) Este texto es: _____

Portada y contraportada

Aprendizaje esperado. Anticipa el contenido de los textos de diversos subgéneros narrativos a partir de la información que dan indicadores textuales como portada, contraportada y título.

> Los **libros** tienen en su exterior **tres partes** que proporcionan la información necesaria para decidir si queremos leerlo o no: **portada**, **contraportada y lomo**.

1. Observa las ilustraciones y lee con atención lo que dicen. Después, marca con una ✔ cada elemento que encuentres en cada una de ellas.

Portada		Contraportada	
Nombre del autor		Final de la historia	
Nombre de los personajes		Principales acontecimientos	
Editorial		Mención de personajes	
Dirección de la editorial		Editorial	
Título del libro		Lugar de edición	

2. Subraya la respuesta.

a) Sirve para saber, con mayor precisión, de qué trata el libro.

- Portada
- Contraportada

b) Tiene los datos que permiten identificar al libro.

- Portada
- Contraportada

La reseña

Aprendizaje esperado. Anticipa el contenido de los textos de diversos subgéneros narrativos a partir de la información que dan las reseñas.

> La **reseña** es una **breve explicación del tema central** de un texto narrativo como un cuento.

1. Traza una línea para relacionar el título del libro con su reseña.

a) *La familia de Tana*

Debajo de un puente vivía Mazodientes, quería comerse a los cabritos que necesitaban cruzar el río. Los tres cabritos fueron más listos y lo engañaron.

b) *Mi hermana quiere ser una sirena*

Una castora vive con su familia en un río. Un día, el halcón se lleva a su papá; cuando regresa está muy lastimado. Todos le manifiestan su cariño hasta que sucede algo muy triste, que aprenden a aceptar.

c) *El Flautista de Hamelin*

En un pueblo hay una plaga de ratones. Contratan a un flautista para que los saque, pero no le pagan. El flautista hace algo que deja al pueblo muy triste.

d) *El ogro y los tres cabritos*

A una niña le preguntan ¿qué quieres ser? Responde que una sirena. A pesar de las quejas de su hermana y gracias a sus amigas, lo logra.

¿Cuántos cuentos cuentas?

Aprendizajes esperados. Lee de forma autónoma, en silencio o en voz alta. Identifica la trama, los personajes principales y algunas de sus características en los textos leídos. Expresa si recomienda los textos leídos, por qué y a quién.

> El **título** es como el nombre de los cuentos. Los **personajes** son los que realizan las acciones, a quienes les pasan cosas, viven las aventuras, etcétera. Los nombres de los personajes y el título se escriben con letra mayúscula al principio, porque son **nombres propios**. Los **nombres comunes**, como *lámpara, mano, niños, papá*, se escriben con minúscula.

1. Lee el siguiente cuento con atención.

Luis, Paula, Andrés y Viki eran muy amigos, siempre salían a jugar juntos y asistían al mismo colegio.

Un día estaban listos para salir de excursión con la familia de Viki, pero al hacer el último recuento del equipo, faltaba la lámpara de minero de Luis.

Por más que buscaba, no aparecía, por lo que Luis estaba desesperado, ya que visitarían una cueva como parte de la excursión y, sin su lámpara en la cabeza, no podría entrar.

Su papá le ofreció una lámpara de mano, pero él explicó que necesitaba tener las manos libres para cualquier emergencia; sin embargo, la aceptó y partieron.

Luis no se imaginaba que llevar esa lámpara les iba a permitir vivir la aventura más emocionante de sus vidas, pues con ella encontraron a un pequeño ser, travieso y astuto. Al que terminaron por hacerlo su amigo pues lo salvaron de las miradas curiosas de los adultos.

2. Inventa un título y escríbelo sobre la línea al inicio del cuento.

3. Escribe los nombres de todos los personajes de este cuento.

4. Responde lo que se pide.

a) ¿Qué sentiste al leer el cuento?

_____

_____

b) ¿Qué crees que encontraron los niños?

_____

_____

_____

c) ¿Qué nombre le pondrías al personaje misterioso?

_____

5. Dibuja cómo imaginas al personaje misterioso.

6. En equipo, escribe lo que pasó en el cuento.

¿Cómo empezó?	¿Qué pasó después?	¿Cómo terminó?
_____	_____	_____
_____	_____	_____
_____	_____	_____
_____	_____	_____

7. Contesta lo que se pide.

a) ¿Recomendarías este cuento? ¿Por qué?

_____

_____

b) ¿A quién se lo recomendarías?

_____

El adjetivo

Aprendizaje esperado. Reconoce el uso de los adjetivos para describir personas, animales o cosas.

> Los **adjetivos** son las palabras que acompañan al sustantivo y que indican sus **cualidades**, **rasgos y propiedades**, es decir, cómo es. Siempre debe tener concordancia de género y número. Por ejemplo: *el coche es rojo, el zapato es pequeño*.

1. **Escribe en los espacios el adjetivo que le corresponde a cada oración. Utiliza los adjetivos del recuadro.**

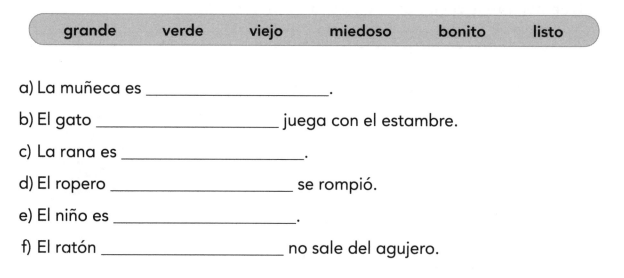

| grande | verde | viejo | miedoso | bonito | listo |

a) La muñeca es _____.

b) El gato _____ juega con el estambre.

c) La rana es _____.

d) El ropero _____ se rompió.

e) El niño es _____.

f) El ratón _____ no sale del agujero.

2. **Escribe alrededor de la imagen del conejo cuatro adjetivos que consideres adecuados para él.**

Concordancia de género y número

Aprendizaje esperado. Distingue qué es una reiteración y la concordancia.

> Una **reiteración** se origina al repetir de manera innecesaria algo que ya se dijo con otras palabras en el mismo texto.
>
> Las palabras que acompañan a un sustantivo deben ser del mismo género (masculino o femenino) y número (singular o plural). A eso se le llama **concordancia**.

1. **Subraya las expresiones donde no hay reiteración. Toma en cuenta las definiciones que se dan.**

   a) Hemorragia: flujo de sangre.

   - Tiene una hemorragia de sangre.
   - Tiene una hemorragia.

   b) Testigo: persona que presencia algo.

   - Fue testigo presencial.
   - Fue testigo.

   c) Erradicar: arrancar algo desde la raíz.

   - Será erradicado.
   - Será erradicado de raíz.

   d) Sumergir: meter algo debajo del agua u otro líquido.

   - Fue sumergido en el agua.
   - Fue sumergido bajo el agua.

2. **Marca con una ✗ las palabras que no describan correctamente cada sustantivo. Fíjate en la concordancia.**

león	triciclo	árbol	cazuela
rápido	veloz	fuerte	profunda
fiero	resistente	útiles	grande
cuadrúpedo	cómodo	erguido	tradicionales
grandes	adornada	frondoso	útil
carnívoro	tubulares	grandes	resistente
fuertes	colorido	viejo	áspero

Historias con lección: las fábulas

Aprendizaje esperado. Verifica las anticipaciones y predicciones hechas en la exploración, durante y después de la lectura de los textos.

1. Lee el texto con atención.

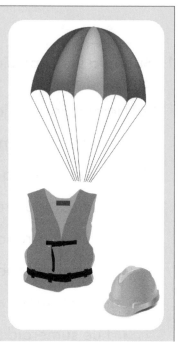

FILOTEA

Filotea tenía que tomar una decisión importante. —¿Me aviento o no me aviento?— Miró hacia abajo. —¡Ay! ¡Me da vértigo!

Volvió a mirar. —¡Ay!— Se dijo a sí misma: "Filotea, valor". Juntó las manos, cerró los ojos, aguantó la respiración, tomó impulso y... no se aventó. "¿Qué hago?" Se puso rodilleras, muñequeras, zapatos de corcho, y un almohadón en el trasero. —Ahí voy. Una, dos, tr...

No fue. "¡Es tan alto! ¿Y si me estrello? Necesito más protección". Se puso un chaleco salvavidas, un casco, un paracaídas en la espalda. Lo último fueron los lentes protectores. Entonces sí: tomó impulso y zzzzzzzz cayó planeando sobre la vereda sin lastimarse. Las hojas como Filotea siempre exageran un poco, pero al final, en el otoño, se animan y zzzzzzzz caen.

Wolf, Ema. (1986). *Filotea*. Editorial Alfaguara, México, págs. 5-7.

2. Responde las siguientes preguntas.

a) ¿Cómo se llama el personaje principal de la historia?

_____

b) Al empezar a leer, ¿quién o qué creías que era Filotea?

_____

_____

_____

c) Menciona tres cosas que hizo Filotea.

_____

_____

_____

d) ¿Qué fue lo último que hizo Filotea?

_____

_____

e) ¿Aprendiste algo de la historia? Escríbelo.

_____

_____

_____

_____

f) ¿Has estado en alguna situación parecida a la que describen en la historia?

_____

_____

_____

3. **Investiga qué es una fábula y cuáles son sus partes.**

a) ¿Qué es la moraleja?

_____

_____

_____

b) Escribe una moraleja para la historia de Filotea.

_____

_____

_____

_____

_____

_____

_____

_____

_____

¿Leyendas o explicaciones?

Aprendizaje esperado. Escucha con atención la lectura en voz alta que hace el profesor o alguno de sus compañeros.

1. Pide a un compañero o tu profesor que lea la siguiente leyenda en voz alta y escúchala con atención.

EL SOL Y LA LUNA

Antes que existiera la luz del día, los dioses de Teotihuacán se reunieron para decidir quién iba a dar luz al mundo. Todos sabían que esto costaría la vida a quienes decidieran hacerlo, pues tendrían que arrojarse en una hoguera.

Un dios joven llamado Tecuciztécatl, dijo:

—Yo estoy dispuesto a lanzarme al fuego.

Los dioses aceptaron de buen grado el ofrecimiento, pero necesitaban otro dios para acompañar a Tecuciztécatl, quien de manera burlona preguntó a los dioses:

—¿Nadie es tan valiente como yo para ofrecer su vida y dar luz al mundo?

Un dios viejecito y humilde, se puso delante de todos y dijo.

—Yo soy Nanahuatzín y estoy dispuesto a dar mi vida para dar luz al mundo. Y llegó el esperado día de la ceremonia.

Los dioses encendieron una gran hoguera en el centro del templo. Tecuciztécatl se acercó al fuego, pero el calor era tan intenso que tuvo miedo y se retiró. Así ocurrió cuatro veces: trataba de entrar, pero no se atrevía y volvía a retirarse.

Entonces, Nanahuatzín caminó hacia la enorme hoguera, y se arrojó al fuego. Tecuciztécatl sintió vergüenza y siguiendo el ejemplo de Nanahuatzín se lanzó al fuego también. Pronto, un rayo de sol apareció en el este, luego se formó el Sol por completo. Los dioses sabían que era Nanahuatzín porque había entrado primero en el fuego.

Después de algún tiempo, salió también otra luz. Era la Luna, y se veía también muy brillante. Entonces, uno de los dioses dijo:

—Debemos oscurecer un poco la segunda luz, pues no pueden brillar igual las dos luces porque Nanahuatzín tuvo más valor.

Los demás dioses estuvieron de acuerdo, así que uno de ellos tomó un conejo y lo arrojó a la segunda luz. Por eso el Sol es más brillante que la Luna y en ésta se puede ver la tenue silueta de un conejo.

Adaptado de: Escobar, Melba. *Mitos y leyendas de América.*
Intermedio Editores, Bogotá, 2006, p. 130.

Las **leyendas** surgieron como explicaciones de los elementos y fenómenos de la naturaleza.

2. **Subraya la respuesta que describe al personaje o circunstancia.**

a) Tecuciztécatl era un dios…

- joven
- mayor
- muy alto

b) ¿Cómo recibieron los dioses el ofrecimiento de Tecuciztécatl?

- Con tristeza
- De buen grado
- Con disgusto

c) ¿Cuál fue la actitud de este dios cuando retó a los demás?

- Burlona
- Correcta
- Humilde

d) Es una de las principales características de Nanahuatzín.

- Presumido
- Joven
- Humilde

e) El día de la ceremonia era…

- muy esperado
- poco esperado
- nada importante

f) Los dioses encendieron una…

- pequeña hoguera
- gran hoguera
- brillante luz

g) ¿Cómo se veía la Luna cuando apareció?

- Oscura
- Muy pálida
- Muy brillante

h) En comparación con la Luna, el Sol es…

- más brillante
- menos brillante
- más pequeño

i) ¿Cómo se ve el conejo que parece distinguirse en la cara de la Luna?

- Como una clara silueta
- Como una tenue silueta
- Como una mancha enorme

Narramos historias

Aprendizajes esperados. Escribe textos narrativos con su imaginación, con imágenes y texto. Recupera lo que sabe acerca de las características de las narraciones escritas como el cuento para planear la escritura de uno (anécdota, trama divertida en inicio, desarrollo y fin, personajes y características).

> En las narraciones escritas es común encontrar frases conocidas para iniciar una historia, tales como: *Cuenta la leyenda...*, *en tiempos muy lejanos...*, *había una vez...*

1. **Observa las imágenes y escribe la manera en la que comenzarías la narración de "El Dos pies", una leyenda de Campeche.**

_____

_____

_____

_____

2. **Observa las ilustraciones y continúa la narración de "El Dos pies", ¿qué imaginas que pasó?**

_____

_____

_____

_____

3. **Escribe los diálogos que tuvo el tigrillo con los siguientes animales del bosque cuando querían convencerlo de que no buscara a "El Dos pies". Utiliza los guiones en el diálogo.**

_____   _____

_____   _____

_____   _____

_____   _____

4. **Observa las ilustraciones y escribe el final de esta historia. Utiliza frases típicas de cierre.**

_____

_____

_____

_____

Escribo un cuento corto

Aprendizajes esperados. Define la anécdota de su cuento y la función de los dibujos y las palabras (las ilustraciones serán de apoyo o brindarán información adicional a la dada por el texto, pondrán mayor énfasis en la ilustración o el texto, etc.). Escribe su cuento con título, estructura de inicio, desarrollo y fin, e integra las ilustraciones en los lugares adecuados para dar coherencia a la historia.

> Para **escribir** un cuento **primero** debemos definir la **anécdota**, es decir, el hecho interesante o entretenido que vamos a contar.

1. **Imagina que tienes que escribir un cuento sobre un niño que se confundió de fecha y llegó un día antes a la fiesta de su amigo. Para hacerlo, utiliza la siguiente tabla y escribe notas sobre lo que tratará tu cuento. Después, ilústralo en los recuadros.**

Primer párrafo (inicio)
¿Cuándo ocurrió? ¿A quién le ocurrió?
¿Dónde ocurrió? ¿Cuál era la situación inicial?
¿Quiénes estaban?

_____
_____
_____
_____

Segundo párrafo (desarrollo)
¿Qué sucedió? ¿Qué ocurrió después?
¿Quiénes estaban?

_____
_____
_____
_____
_____

Tercer párrafo (final)
¿Cómo terminó el conflicto? ¿Qué consecuencias tuvo?

_____
_____
_____
_____
_____

2. Con las notas anteriores, escribe tu cuento. Elige un título y haz las ilustraciones que correspondan a cada parte del cuento o una ilustración de todo.

3. Con ayuda del profesor, corrige tu cuento. Revisa la ortografía, la coherencia, la concordancia y la organización de párrafos.

Juego de palabras

Aprendizaje esperado. Revisa y corrige la coherencia y propiedad de un texto.

1. Lee este chiste escrito en verso.

> ¿Quéletrasigue,JuanitoPrieto,
> despuésdela"A"enelalfabeto?
> Yelniñorespondesindemora:
> —Todaslasdemásletras,profesora.

Lome, Emilio Ángel. *Versos que se cuentan
y se cantan*. Alfaguara. 2009. Pág. 65

2. Escribe el chiste con espacios entre las palabras. Recuerda anotar las mayúsculas y respetar la ortografía.

_____

_____

_____

_____

> Esto parece un trabalenguas, mejor lo corrijo.

3. Responde las siguientes preguntas.

a) ¿Fue fácil o difícil leer la primera versión del chiste?

_____

b) ¿Por qué? _____

_____

Los antónimos

Aprendizaje esperado. Conoce el significado de antónimo e infiere el uso del prefijo *in-* para encontrar antónimos.

> Los antónimos son palabras que enuncian un concepto **contrario u opuesto** a otra palabra. Por ejemplo, *joven* y *viejo* son antónimos.
>
> Cuando añadimos el **prefijo** *in–*, las palabras cambian su significado y se **convierten en un antónimo**. Por ejemplo, *seguro / inseguro*.

1. Traza una línea y une cada palabra con el antónimo que le corresponde.

a) alto

b) bonito

c) mojado

d) triste

e) gordo

f) bueno

flaco

alegre

malo

bajo

seco

feo

2. Observa las siguientes palabras y escribe su antónimo añadiendo el prefijo *in–* cuando sea el caso.

a) soluble _____

b) viejo _____

c) activo _____

d) posible _____

e) satisfecho _____

f) capaz _____

Versos que cuentan

Aprendizajes esperados. Lee y comparte canciones y poemas de su preferencia. Elige de los acervos o publicaciones provenientes de otros lugares, canciones y poemas que le gustan para compartir su lectura en voz alta. Lee para otros cuidando el volumen de su voz y la entonación.

1. **Lee en voz alta el siguiente poema del estado de Yucatán. Después, vuelve a leerlo a tus compañeros cuidando tu volumen de voz y entonación.**

DE CÓMO FUE QUE LA GUACAMAYA SE CONVIRTIÓ EN EL CORAZÓN DE UN CEIBO

Cuentan que de una sandía
la guacamaya nació un día
y las nubes en el viento
tejieron en un momento
como rojas llamaradas
sus dos alas coloradas,
que en vuelo hacia el horizonte
la llevaron hasta un monte.
Y en un ceibo viejo y seco
se metió por un gran hueco,
y cantando una canción
se convirtió en corazón
de aquel árbol casi muerto.
Y se lo digo de cierto
el ceibo reverdeció
y nuevamente vivió
lleno de luz y emoción,
pues tenía por corazón
que late y nunca se calla
a una alegre guacamaya.

Lome, Emilio Ángel. *Versos que se cuentan y se cantan.*
Alfaguara. Santillana Ediciones Generales, 2009, pp. 106-107.

2. **Basándote en la imagen, cuenta la historia a un familiar. Utiliza tus palabras, no lo memorices.**

3. **Si quieres jugar con estos versos, dilos cantando con una melodía que tú inventes o que tomes de alguna canción.**

Canciones para jugar

Aprendizaje esperado. Identifica la sonoridad de las canciones y poemas.

1. Lee en voz alta la siguiente canción.

JUAN PACO PEDRO DE LA MAR

(Popular)

Juan Paco Pedro de la Mar,
es mi nombre así,
y cuando yo me voy
me dicen al pasar
Juan Paco Pedro de la Mar.

2. La siguiente canción es la misma que leíste, pero algo ha cambiado, ¿qué es?

_____

María Susana de la Mar
es mi nombre así,
y cuando yo me voy
me dicen al pasar
María Susana de la Mar.

_____ de la Mar
es mi nombre así,
y cuando yo me voy
me dicen al pasar
_____ de la Mar.

3. Completa la canción que está en el recuadro de la derecha. En lugar de María Susana, escribe tu nombre.

4. ¿A quiénes de tus compañeros te gustaría incluir en la canción? Escribe sus nombres y ordénalos alfabéticamente

_____

_____

_____

_____

Escuchando poemas

1. Escucha con atención el poema "Los ratones" que leerá en voz alta alguno de tus compañeros.

LOS RATONES

Lope de Vega

Juntáronse los ratones
para librarse del gato
y después de largo rato
de disputas y opiniones
dijeron que acertarían
en ponerle un cascabel
que andando el gato con él
librarse mejor podrían.

Salió un ratón barbicano,
colilargo, hociquirromo
y encrespando el grueso lomo
dijo al senado romano
después de hablar culto un rato:
¿Quién de todos ha de ser
el que se atreva a poner
el cascabel al gato?

2. Subraya cuatro palabras que no conozcas. Busca su significado en el diccionario y escríbelo en las líneas de abajo. Recuerda ponerlas en orden alfabético.

a) _____

b) _____

c) _____

d) _____

Coplas y rimas

Aprendizajes esperados. Explora en los acervos para seleccionar rimas y coplas. Identifica las características de rimas y coplas.

> Las **coplas** son **composiciones** poéticas de **cuatro versos** que riman y son constantes a lo largo de un poema o canción.
>
> Una **rima** es la **repetición** de la **sílaba tónica** al final de dos o más versos.

1. Lee con atención las siguientes coplas populares y colorea las que más te gusten.

a)
Un elefante
se columpiaba
sobre la tela de una araña
como veía
que resistía
fue a llamar a otro elefante.

d)
En la casa de Pinocho
sólo cuentan hasta ocho:
un, dos, tres, cuatro,
cinco, seis, siete, ocho.

b)
Al pasar por tu ventana
me tiraste un limón
ya no me tires otro
que me hiciste un chichón.

e)
La jirafa cuello largo,
corre, corre por la selva,
y se encuentra de repente,
con su amiga doña Pepa.

c)
A las tres de la mañana
empecé a escuchar un grillo
andaba muy ocupado
afilando su cuchillo.

f)
Mi amiga se fue de viaje
a un hermoso lugar
y en su gran equipaje
llevó mi amistad a volar.

2. Subraya las palabras que riman en cada una de las coplas y escríbelas en las líneas.

a) _____

_____

b) _____

_____

c) _____

_____

d) _____

_____

e) _____

_____

f) _____

La rima asonante y consonante

Aprendizajes esperados. Reconoce las rimas asonantes y consonantes. Reconoce en los textos, las palabras que pueden ser sustituidas por otras similares y que transforman el sentido del texto, pero que conservan el ritmo y la rima.

> La **rima asonante** es aquella donde **riman** las **vocales** de la última sílaba del verso. Por ejemplo, *abril* y *sonreír*.
>
> La **rima consonante** es aquella donde **riman** tanto **las vocales** como **las consonantes** de la última sílaba del verso. Por ejemplo, *cepillo* y *cuchillo*.

1. Lee las siguientes coplas y subraya con rojo las rimas asonantes y con azul las consonantes.

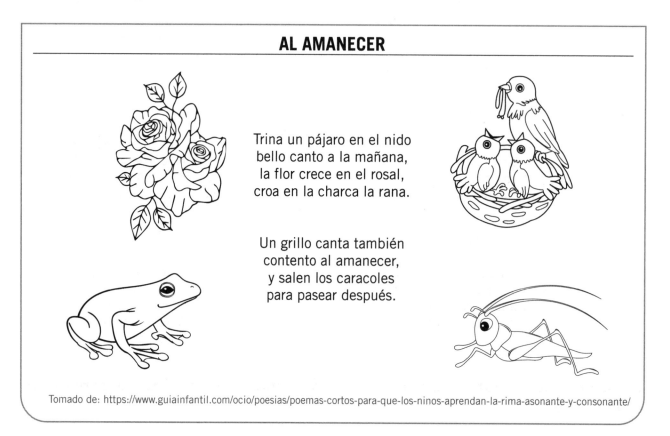

AL AMANECER

Trina un pájaro en el nido
bello canto a la mañana,
la flor crece en el rosal,
croa en la charca la rana.

Un grillo canta también
contento al amanecer,
y salen los caracoles
para pasear después.

Tomado de: https://www.guiainfantil.com/ocio/poesias/poemas-cortos-para-que-los-ninos-aprendan-la-rima-asonante-y-consonante/

2. Escribe en la línea palabras que rimen con la palabra que se indica.

a) nido _____

b) rosal _____

c) viaje _____

d) melón _____

e) mañana _____

Reinvento las rimas y coplas

Aprendizajes esperados. Escribe las nuevas versiones de las rimas y coplas trabajadas, atendiendo a las características de forma y contenido del tipo textual. Revisa y corrige las coplas.

1. **Utiliza las palabras que riman de la página anterior y escribe nuevas versiones de las siguientes rimas y coplas. Fíjate en el ejemplo.**

   a) A las tres de la mañana,
   empecé a escuchar un grillo,
   andaba muy ocupado
   afilando su cuchillo.

   A las tres de la mañana,

   empecé a escuchar un loro,

   andaba muy ocupado

   afilando su poro.

   b) Al pasar por tu ventana,
   me tiraste un limón,
   ya no me tires otro
   que me hiciste un chichón.

   c) Sol solecito,
   caliéntame un poquito
   por hoy, por mañana,
   por toda la semana.

2. **Revisa las siguientes coplas junto con un compañero y corrige los errores en la escritura.**

   a) llévate la lima, _____
   llévate el limón _____
   llévate la llaves _____
   de mi corazón. _____

   b) De tu ventana a la mía, _____
   Me tiraste un limón. _____
   Lo dulce quedó en el aire, _____
   lo amargo en mi corazón _____

Los signos de puntuación: coma en enumeraciones

Aprendizajes esperados. Utiliza correctamente la coma en enumeraciones. Revisa y corrige el texto, al hacerlo reflexiona sobre la escritura convencional de las palabras, el uso de mayúsculas y minúsculas y el uso del punto final, el punto y aparte y la coma en enumeraciones.

1. Lee con atención el siguiente poema.

A MARGARITA DEBAYLE

Éste era un rey que tenía
un palacio de diamantes,
una tienda hecha del día
y un rebaño de elefantes.

Un kiosco de **malaquita**,
un gran manto de **tisú**,
y una gentil princesita,
tan bonita, Margarita,
tan bonita como tú.

Una tarde la princesa
vio una estrella aparecer;
la princesa era traviesa
y la quiso ir a coger.

La quería para hacerla
decorar un prendedor,
con un verso y una perla,
una pluma y una flor.

Rubén Darío (fragmentos), *Obras poéticas completas*,
Madrid, Aguilar, 1945, pp. 853-854

2. Responde la pregunta.

a) Si la tuvieras en tus manos, ¿para qué utilizarías una estrella?

_____

_____

_____

_____

_____

_____

La **coma** (,) indica una pausa breve y se utiliza para separar los elementos de una enumeración: *Abel corre, salta, habla y se mueve sin parar.* Antes del último elemento, en lugar de coma se escribe *y*.

3. Encierra en círculos todas las comas que tiene el poema.

4. Observa la información del poema y completa las oraciones.

a) El rey tenía _____

_____

_____

princesita.

b) La princesa quería la estrella para decorar un prendedor

con _____ y una flor.

5. Responde la pregunta.

a) ¿Qué signo utilizaste para separar cada elemento
de las oraciones?

_____

6. Revisa y corrige el siguiente texto. Escribe los puntos, las comas
y las mayúsculas que le hagan falta.

a) Si yo fuera rey, comería faisán pato frutas exóticas helado
de piña y pastel de maracuyá

b) Si yo fuera princesa tendría una gran capa un vestido
larguísimo joyas hermosas una corona de oro y unas
zapatillas de cristal.

c) Si yo fuera actriz haría muchas películas obras de teatro
comerciales y videos musicales.

Las obras de teatro breves

Aprendizaje esperado. Explora diversas obras de teatro infantil y recuerda sus características de forma y contenido, como acotaciones y su función, personajes y guiones para marcar diálogos.

> Recuerda: la **obra de teatro** es una **obra literaria** que se **representa** por actores, frente a un público en un **escenario**. Los principales **elementos** de una obra teatral son: **los diálogos**, **las acotaciones**, **el guion**, **los personajes**, **la escenografía**, **el vestuario**, **la música**, **el sonido** y **la iluminación**.

1. Lee junto con un compañero o compañera el siguiente texto.

Gruta en la montaña. Blanca Nieves está tendida en un lecho de hierba, como muerta. Se ve al Príncipe Azul a punto de entrar. Se alcanza a ver el sol que brilla intensamente.

PRÍNCIPE AZUL. —¡Al fin encuentro un poco de sombra! ¡Espero que no haya animales salvajes! (*Se sienta en una piedra y se cubre los ojos con las manos. Después los abre y ve a Blanca Nieves.* Nunca había visto una doncella tan hermosa. ¿Quién será? ¡Despierta!

¿Qué le pasará? ¡Está muy fría. (*La toma por los brazos y la levanta.*) ¡Despierta! (*Blanca Nieves se frota los ojos, tose y sonríe.*) Ya sabía que no estaba muerta.

BLANCA NIEVES. —¿Quién eres, caballero?

PRÍNCIPE AZUL. —Soy, es decir, era el Príncipe Azul, pero ahora solamente soy tu esclavo.

BLANCA NIEVES. —¡Qué galante! ¿Qué te trae a estas tierras?

PRÍNCIPE AZUL. —Venía en busca de la heredera de este país que ha desaparecido misteriosamente. Ya no me quejo; te he encontrado a ti, y si tú quieres, pronto serás la reina de mi patria.

BLANCA NIEVES. —¿Y si aparece tu prometida?

PRÍNCIPE AZUL. —La he buscado sin éxito por todas partes. Y tú, ¿qué hacías dormida en una gruta tan solitaria?

BLANCA NIEVES. —No dormía, estaba muerta. Mi madrastra me dio una manzana envenenada. Supongo que se quedó en mi garganta y, cuando me levantaste, la arrojé.

Rosa Luisa Guerra (versión libre)

2. Responde las preguntas.

a) ¿A quién buscaba el Príncipe Azul?

_____

b) ¿Por qué Blanca Nieves no murió a pesar de comer la manzana envenenada?

_____

3. Completa el siguiente texto escribiendo los guiones y los paréntesis en donde corresponde.

BLANCA NIEVES. —Sí, Príncipe Azul, con tus zarandeos me hiciste arrojar el pedazo de manzana envenenada.
PRÍNCIPE AZUL. —¡Perdón, señora!
BLANCA NIEVES. —¿Perdón? Si me salvaste la vida.
PRÍNCIPE AZUL. —En ese caso, podría esperar como recompensa que te conviertas en reina a mi lado.
BLANCA NIEVES. —No sé qué decir… ¿Y si aparece tu prometida? (*Llegan los enanos, quienes gritan al ver a Blanca Nieves.*)
TODOS LOS ENANOS. —¡Blanca Nieves!
PRÍNCIPE AZUL.—¿Blanca Nieves? (*Blanca Nieves ríe como si la hubieran descubierto.*)
GRUÑÓN. —¡Por supuesto que Blanca Nieves! ¿Y tú, quién eres? (*Los enanos rodean de forma protectora a Blanca Nieves y ven amenazadoramente al Príncipe.*)
BLANCA NIEVES. —¡Tranquilos! ¡Éste es mi prometido desde que era niña! Claro, es bastante coscolino porque anda prometiendo matrimonio a cuanta doncella dormida encuentra. (*Lo mira con ternura.*)
PRÍNCIPE AZUL. Mi Blanca Nieves. (*Y se acerca a abrazarla.*)
(*Los enanos los rodean, riendo, cantando y mostrando gran alegría.*)

TELÓN

Hacemos una obra de teatro

Aprendizajes esperados. Elige en equipo una obra de teatro para ser representada. Planea la representación, considerando los papeles y tarea de cada integrante del equipo. Participa en la representación.

> Para hacer una obra de teatro, primero se necesita tener el guion teatral. Después, se elige a los actores para cada personaje; luego, se realiza la escenografía y el vestuario y, finalmente, se ensaya la obra y se presenta ante el público.

1. Reúnete en equipo y elijan una película infantil para representarla con títeres. Asignen cada una de las tareas para hacer una obra de teatro: escribir el guion, hacer los títeres, representar a los personajes y realizar la escenografía. Por último, escribe lo que se pide.

Obra de teatro _____

Personajes: _____

Diálogos: _____

_____

_____

_____

_____

_____

_____

_____

_____

_____

_____

2. Revisen los diálogos y el uso correcto del guion largo y los paréntesis para las acotaciones.

3. Presenten la obra de teatro a sus compañeros.

Palabras que terminan con –*aje* y empiezan con *eje*–

Aprendizaje esperado. Escribir correctamente palabras que terminan en –*aje* y empiezan en *eje*–.

Las palabras que terminan con **-aje** y empiezan con **eje-**, siempre se escriben con **j**.

1. Elige y escribe la palabra que represente a cada ilustración.

| patinaje | equipaje | carruaje | encaje |

a)

_____

c)

_____

b)

_____

d)

_____

2. Completa este "*eje*grama". Guíate con los números.

1) Fuerza militar.

2) Muestra de algo.

3) Actividad deportiva que se realiza con frecuencia.

4) Hacer algo.

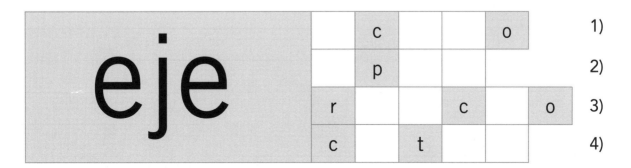

		c			o	1)
		p				2)
r			c		o	3)
c		t				4)

Repaso

1. **Escribe "cierto" o "falso" según corresponda.**

    a) Los cuentos tienen un inicio, un desarrollo y un final. _____

    b) Las fábulas no tienen moraleja. _____

    c) Las leyendas combinan realidad con fantasía. _____

    d) Los cuentos se basan en historias de la vida real. _____

    e) Las fábulas tiene como personajes animales o cosas. _____

    f) Las leyendas son anónimas. _____

2. **Algunas cosas que ocurren en los cuentos, las fábulas o las leyendas pueden suceder en la vida real. Escribe "realidad" o "fantasía" después de cada oración.**

    a) Un abuelo cuenta cuentos a sus nietos. _____

    b) Los animales hablan. _____

    c) Una tortuga puede saber que la van a convertir en sopa. _____

    d) Los buenos cazadores conocen a sus presas. _____

3. **Observa los dibujos y escribe los números del 1 al 5 para ordenar el cuento.**

_____   _____   _____   _____   _____

4. **Escribe una reseña basándote en las imágenes que acabas de ordenar.**

_____

_____

_____

_____

_____

5. Relaciona las columnas uniendo con una línea cada palabra con su antónimo.

a) rápido   • impropio

b) unir   • enemigo

c) justo   • lento

d) amigo   • separar

e) propio   • injusto

6. Completa las oraciones.

a) La _____ se utiliza para separar las palabras en las enumeraciones.

b) Las _____ son composiciones poéticas de cuatro versos.

c) La rima es la repetición de la sílaba _____ al final del verso.

d) La rima _____ es en la que riman las vocales de la última sílaba del verso.

e) La rima _____ es en la que riman las vocales y las consonantes.

7. Encierra en un círculo el texto que pertenece al guion de una obra de teatro.

a) Había una vez un gatito llamado Benny
que era muy travieso
y al que le gustaba salir de su casa
para buscar aventuras.
Todos los días se paseaba por el barrio.

b) Papá oso: —¿Qué pasó aquí?
(*entra y va hacia las camas*).
Papá oso: —¿Quién se acostó en mi cama?
Mamá oso (*sorprendida*): —¡Aquí también!
Osito: —¡Hay alguien en mi cama!

8. Escribe -*aje* o *eje*- según corresponda.

a) Hay que enseñar con el _____mplo.

b) Mariana toma clases de patin_____.

c) Mi papá es un gran _____cutivo.

d) Mi person_____ es el más divertido.

Nombre común y nombre propio

Aprendizajes esperados. Reconoce el nombre propio como marca de identidad y pertenencia, es decir, quién es, (nombre) y de dónde (de qué familias) proviene (apellidos). Escribe su nombre y el de sus compañeros convencionalmente.

> Las **palabras** que se utilizan para **nombrar** personas, animales y cosas se llaman **nombre**. Cuando se utilizan de manera **general** se llama **nombre común** como mesa, silla y perro. Cuando se nombra a una persona, animal o cosa en **particular** se llama **nombre propio**. Los nombres propios se escriben siempre con mayúscula y los comunes con minúscula.

1. Encierra en un círculo los nombres propios y marca con una ✗ los nombres comunes.

Pedro	flor	mapache	Ana	González
Fido	lámpara	girasol	Rosa	lluvia

> Los **apellidos** también son **nombres propios** y junto con el nombre nos dan **identidad y pertenencia**, pues indican de qué familia venimos.

2. Completa tu árbol genealógico. Escribe los nombres y apellidos de tus abuelos y papás. Escribe el tuyo en el recuadro de abajo.

3. Inventa un nombre propio para los personajes de la ilustración y escríbelo. Observa las cosas señaladas y escribe el nombre común que les corresponde. Utiliza el color rojo para escribir las mayúsculas.

a) _____

b) _____

c) _____

d) _____

4. Escribe los nombres completos de las personas que se indican.

a) Mi tío se llama _____

b) Mi maestro(a) se llama _____

c) Mi hermano(a) se llama _____

d) Mi mejor amigo(a) se llama _____

¿De dónde vengo? El acta de nacimiento

Aprendizaje esperado. Explora su acta de nacimiento y, al leerla, reconoce la información que ésta aporta sobre quién es, cuándo nació, dónde, quiénes son sus padres y abuelos; es decir su procedencia.

> El **acta de nacimiento** es un **documento** que registra de manera **oficial** el día que nace una persona. También tiene otros **datos** relacionados con la persona, como su nombre, el de sus padres y **la fecha y el lugar de nacimiento**. Por lo tanto, nos brinda el origen de la persona y se utiliza como **identificación**.

1. Imagina que ésta es tu acta de nacimiento. Observa y complétala con los datos que se piden. Puedes utilizar tu acta original o pedir ayuda a tus padres.

REGISTRO CIVIL

ACTA DE NACIMIENTO

3549

Nombre

Padre

Madre

Abuelo

Abuelo

Abuela

Abuela

Testigo

Testigo

2. Compara tu acta de nacimiento con la de la página anterior y escribe en las líneas otros datos que hagan falta. Si tienen los mismos datos, escríbelos.

_____

_____

_____

3. Lee el siguiente texto y responde lo que se pide.

Hace tres días nació mi primo y le llamarán Juan. En el hospital donde nació, le dieron un certificado de nacimiento. Para poder obtener su acta de nacimiento, mis tíos, es decir, sus papás, tuvieron que ir al Registro Civil a registrarlo y tramitar su acta con el certificado que les proporcionaron. Ahora, Juan ya tiene un documento de identidad que lo acredita como ciudadano mexicano y con el que podrá hacer diferentes trámites cuando sea grande, como registrarse en el centro de salud, inscribirse a la escuela y obtener su pasaporte.

a) ¿Por qué crees que es importante tener un acta de nacimiento?

_____

_____

b) ¿A dónde tienes que ir para registrarte y solicitar un acta de nacimiento?

_____

_____

c) Escribe dos trámites en los que se utiliza el acta de nacimiento.

_____

_____

Cuido mi salud: la Cartilla Nacional de Salud

Aprendizaje esperado. Explora su cartilla de vacunación e identifica qué datos del acta de nacimiento incluye y cuáles omite, además de la nueva información que aporta (vacunas y fechas) y para qué puede ser útil.

> La **Cartilla Nacional de Salud** es un **documento** para el **registro individual** de la **aplicación de vacunas** y el control de las acciones realizadas por los **Servicios de Salud**. Por ser individual y tener los datos principales de cada persona, sirve como documento de **identificación**. Actualmente existen cinco diferentes tipos de cartillas según el grupo de edad.

1. Completa la portada de la Cartilla Nacional de Salud con tus datos personales.

CURP:

No. de Certificado de Nacimiento _____

FOTOGRAFÍA

IDENTIFICACIÓN: GPO. SANGUÍNEO Y RH _____

APELLIDOS Y NOMBRE: _____

AFILIACIÓN / MATRÍCULA / EXPEDIENTE _____

UNIDAD MÉDICA: _____

CONSULTORIO No:

DATOS GENERALES: SEXO: | MUJER | HOMBRE

DOMICILIO: _____
CALLE Y NÚMERO

COLONIA / LOCALIDAD   MUNICIPIO O DELEGACIÓN

C.P.   ENTIDAD FEDERATIVA

LUGAR Y FECHA DE NACIMIENTO:

_____   DÍA | MES | AÑO
LOCALIDAD

MUNICIPIO O DELEGACIÓN / ENTIDAD FEDERATIVA

LUGAR Y FECHA DE REGISTRO CIVIL

_____   DÍA | MES | AÑO
LOCALIDAD

MUNICIPIO O DELEGACIÓN / ENTIDAD FEDERATIVA

2. Compara los datos que se encuentran en la Cartilla con los del Acta de nacimiento y encierra en un círculo los que se encuentran en ambos documentos.

a) Fecha de nacimiento

b) Tipo de sangre

c) Nombre de los padres

d) Sexo

e) Consultorio

f) CURP

g) Domicilio

h) Lugar de nacimiento

3. Observa la Cartilla Nacional de Salud para tu grupo de edad (0–9 años). Marca con una ✗ las vacunas que ya tienes de acuerdo con lo que indica tu cartilla.

ESQUEMA DE VACUNACIÓN

VACUNA	ENFERMEDAD QUE PREVIENE	DOSIS	EDAD Y FRECUENCIA	FECHA DE VACUNACIÓN
BCG	TUBERCULOSIS	ÚNICA	AL NACER	
HEPATITIS B	HEPATITIS B	PRIMERA	AL NACER	
		SEGUNDA	2 MESES	
		TERCERA	6 MESES	
PENTAVALENTE ACELULAR DPaT + VPI + Hib	DIFTERIA, TOSFERINA, TÉTANOS, POLIOMIELITIS E INFECCIONES POR H. influenzae b	PRIMERA	2 MESES	
		SEGUNDA	4 MESES	
		TERCERA	6 MESES	
		CUARTA	18 MESES	
DPT	DIFTERIA, TOSFERINA Y TÉTANOS	REFUERZO	4 AÑOS	
ROTAVIRUS	DIARREA POR ROTAVIRUS	PRIMERA	2 MESES	
		SEGUNDA	4 MESES	
		TERCERA	6 MESES	

ESQUEMA DE VACUNACIÓN

VACUNA	ENFERMEDAD QUE PREVIENE	DOSIS	EDAD Y FRECUENCIA	FECHA DE VACUNACIÓN
NEUMOCÓCICA CONJUGADA	INFECCIONES POR NEUMOCOCO	PRIMERA	2 MESES	
		SEGUNDA	4 MESES	
		REFUERZO	12 MESES	
INFLUENZA	INFLUENZA	PRIMERA	6 MESES	
		SEGUNDA	7 MESES	
		REVACUNACIÓN	ANUAL HASTA LOS 59 MESES	
SRP	SARAMPIÓN, RUBÉOLA Y PAROTIDITIS	PRIMERA	1 AÑO	
		REFUERZO	6 AÑOS	
SABÍN	POLIOMIELITIS	ADICIONALES		
SR	SARAMPIÓN Y RUBÉOLA	ADICIONALES		
OTRAS VACUNAS				

4. Subraya los trámites en los que puede ser útil tu cartilla de salud.

a) Llevar un control de tus vacunas y enfermedades.

b) Ir de paseo con la escuela.

c) Inscribirte en la escuela.

d) Prevenir enfermedades.

e) Demostrar que estás vacunado y sano.

5. Reflexiona y escribe por qué crees que es importante ir al doctor y vacunarte.

_____

_____

_____

_____

¿Cómo lo hago? Los instructivos

Aprendizajes esperados. Sigue un instructivo sencillo para elaborar un objeto. Selecciona un texto instructivo sencillo para elaborar un objeto.

Un **instructivo** es un texto que nos proporciona **información paso a paso** para **lograr un objetivo**, como construir algo o cocinar. Los instructivos constan de tres **partes**:

- **Título**: se refiere al nombre de lo que se va a hacer.
- **Materiales**: lista enumerada de lo que se necesita para completar el instructivo.
- **Procedimiento**: son los pasos a seguir para lograr el objetivo (puede contener ilustraciones).

1. Lee la siguiente receta.

AGUA DE JAMAICA

Ingredientes

60 g de flor de Jamaica.

1 litro de agua purificada.

3 cucharadas soperas de azúcar, o un poco más.

Preparación

- Remojar las flores de Jamaica en el agua por lo menos una hora.

- Agregar el azúcar y mover hasta que se desbarate.

- Colar las flores y dejar sólo el agua; si hace mucho calor, añadir cubitos de hielo.

Nota: si se quiere el agua más concentrada, se puede hervir la flor de Jamaica durante unos tres minutos.

2. Realiza las actividades.

a) Coloca una ✔ antes de cada uno de los ingredientes.

b) Subraya el primer paso para preparar la receta.

c) Encierra en un círculo rojo el último paso para preparar la receta.

3. Marca con ✔ sólo los materiales que son necesarios para hacer estos adornos.

Materiales para collares y pulseras:

_____ Chaquiras y popotes.

_____ Papel de china.

_____ Cuentas para ensartar de tres o más colores diferentes.

_____ Medio litro de agua.

_____ Hilo resorte transparente.

_____ Una jícama fresca.

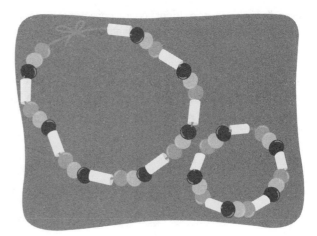

4. Lee las siguientes instrucciones. Une con una línea las que se refieren a lo mismo, pero están escritas de diferente manera.

a) Coloca en una torre cada pieza de madera hasta terminar.

b) Añade, uno a uno, los ingredientes para formar una masa.

c) Busca en un diccionario el significado de las palabras desconocidas antes de realizar el experimento.

1) Encuentra el significado de las palabras que no conozcas, antes de hacer el experimento.

2) Ordena en una torre todas las piezas de madera.

3) Revuelve los ingredientes, uno por uno, hasta que se haga una masa suave.

Para lograrlo, hay que ordenarlo

Aprendizaje esperado. Identifica las características comunes de forma y contenido de los textos instructivos para elaborar algo: título, materiales y procedimiento; acomodo en la página y uso de numerales o viñetas, por ejemplo.

1. Ordena esta receta. Encierra en un círculo de color rojo cada uno de los ingredientes, de azul cada paso del procedimiento (la manera de hacerse) y de verde el título de la receta.

a) Haz un taquito apretado y sujétalo con un palillo.

b) Un yogur natural chico.

c) Pon el yogur en un recipiente hondo y sumerge ahí los trozos de manzana.

d) Taquitos de jamón y manzana

e) Palillos largos de madera.

f) Pela las manzanas, quítales el corazón y pártelas en cuadritos.

g) Dos manzanas golden maduras.

h) Extiende las rebanadas de jamón sobre la mesa.

i) Coloca un poco de manzana con yogur en cada rebanada.

j) Ocho rebanadas grandes y delgadas de jamón.

2. Lee la receta. Primero lo verde, luego todo lo rojo y, por último, lo azul. Responde.

a) ¿Te gustaría probar este platillo? ¿Por qué?

_____

3. Escribe la receta anterior colocando cada elemento en orden y en su lugar correspondiente.

Nombre: _____

Ingredientes _____

_____

_____

_____

Procedimiento

1) _____

_____

2) _____

_____

3) _____

_____

4) _____

_____

5) _____

_____

4. ¿Cómo imaginas el platillo terminado? Dibújalo.

¿Conjugado o infinitivo?

Aprendizajes esperados. Utiliza correctamente los verbos en infinitivo o conjugados y los distingue. Elabora una receta siguiendo los pasos.

> Los **verbos** son las palabras que indican acciones; a veces están **conjugados** (por ejemplo: *tiene* o *buscamos*), y otras son **infinitivos** (terminan en *-ar, -er, -ir*; por ejemplo: *comer, vivir*).

1. Observa la ilustración y subraya la respuesta correcta.

> *Correr, saltar y jugar* están en infinitivo.

> *Corre, cocina y dibuja* están conjugados.

a) ¿Cuál de las recetas de las páginas anteriores tiene los verbos en infinitivo?

- Agua de Jamaica
- Taquitos de jamón y manzana

b) ¿Cuál de las dos recetas tiene los verbos conjugados?

- Agua de Jamaica
- Taquitos de jamón y manzana

c) ¿Cuál de las dos maneras de utilizar los verbos te gusta más?

- Verbos en infinitivo
- Verbos conjugados

2. Observa la segunda receta y escribe las palabras y expresiones que hacen más precisa la descripción de ingredientes (adjetivos y frases adjetivas). Fíjate en el ejemplo.

a) Un yogur _natural chico._ _____

b) Dos manzanas _____

c) Ocho rebanadas _____ de jamón.

d) Palillos _____

3. Elige una de las recetas anteriores y prepárala.

Cumplo las reglas

Aprendizaje esperado. Identifica distintos tipos de reglamentos que regulan la convivencia y su utilidad.

> Los **reglamentos** son documentos que contienen un **conjunto de normas** o **reglas** que indican cómo debemos **comportarnos** o qué hacer en diferentes circunstancias, para tener una mejor convivencia.

1. Subraya las oraciones que pertenecen al reglamento de una biblioteca.

a) No hablar en voz alta.

b) Revolver las cartas.

c) Tomar los libros sin autorización.

d) Tener credencial vigente para hacer uso de las instalaciones.

2. Une cada título con la ilustración correspondiente.

a)

Reglamento del aula

1) No platicar
2) No comer
3) No pelear
4) No decir groserías
5) No jugar
6) No tirar basura
7) Respetar a compañeros y maestros
8) No tomar cosas ajenas sin permiso

c)

HORARIO DE 7:00 A.M. A 10:00 P.M.

Por su propia seguridad:

- No clavados.
- No correr.
- No se permiten envases de vidrio en esta área.
- Nade bajo su propio riesgo, no contamos con salvavidas.

Reglamento de tránsito

Reglamento escolar

Reglamento de juego

Reglamento de la alberca

b)

Reglas:
Cada concursante coloca sus fichas en una esquina azul del tablero. Se tira el dado por turnos y se mueve a lo largo de las diagonales. En cada turno se contesta a una pregunta normal; si se acierta se vuelve a tirar, si no, le toca al siguiente jugador.
Cuando una ficha llega al centro se le hace una pregunta de dogma. Si no acierta, el jugador vuelve a colocar su ficha en la salida. Si acierta, la ficha deberá recorrer la línea que conduce a las áreas triangulares para depositarla allí.
Gana el jugador que consiga depositar sus cuatro fichas en las áreas triangulares.

d)

| Carriles centrales de vías de acceso controlado (intersecciones, desniveles, carriles centrados y laterales separados por camellones). | Vías primarias (flujo vehicular continuo o controlado por semáforos). | Vías secundarias (generalmente conectan con las primarias). |

La noticia al día

Aprendizaje esperado. Recuerda cómo se redacta una noticia, los elementos que debe tener para su publicación y los reconoce.

> En las **noticias** de periódicos, los **encabezados** o titulares se escriben con letras **más grandes** y a veces en mayúsculas. Para redactar una noticia se debe contestar a las preguntas **¿quiénes o quién?**, **¿qué?**, **¿cuándo?**, **¿dónde?** y **¿para qué?**

1. Une, por medio de líneas, cada elemento de la noticia con su nombre.

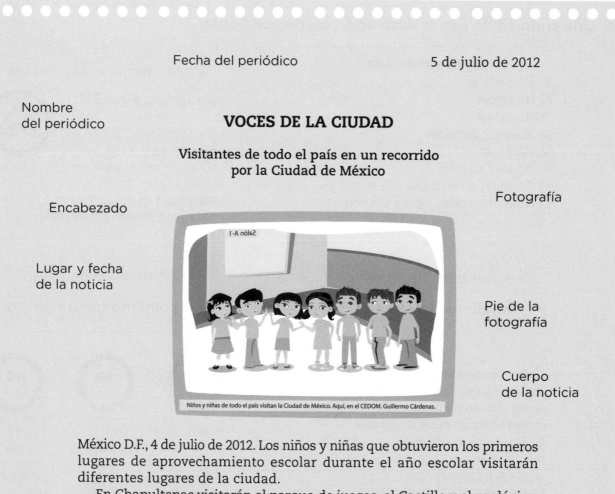

Fecha del periódico — 5 de julio de 2012

Nombre del periódico

VOCES DE LA CIUDAD

Visitantes de todo el país en un recorrido por la Ciudad de México

Encabezado

Fotografía

Lugar y fecha de la noticia

Pie de la fotografía

Cuerpo de la noticia

Niños y niñas de todo el país visitan la Ciudad de México. Aquí, en el CEDOM. Guillermo Cárdenas.

México D.F., 4 de julio de 2012. Los niños y niñas que obtuvieron los primeros lugares de aprovechamiento escolar durante el año escolar visitarán diferentes lugares de la ciudad.

En Chapultepec visitarán el parque de juegos, el Castillo y el zoológico. Darán entrevistas para los periódicos y participarán en un programa en televisión y de radio.

Otra visita interesante será al Museo Papalote. Ahí verán una película en la megapantalla e interactuarán con niñas y niños de diferentes escuelas de la Ciudad de México que, como buenos anfitriones, les tienen preparada una sorpresa.

Los anuncios y carteles publicitarios

Aprendizaje esperado. Explora publicidad impresa en diferentes publicaciones y reconoce algunas de sus características: imágenes llamativas que pueden comunicar algo o ser sólo ilustrativas, con textos breves o sin texto.

> El **anuncio** de un cartel publicitario es un **mensaje** para **dar a conocer un producto o servicio**. Tiene varios **elementos: nombre** del producto o negocio, **frase publicitaria**, **descripción del servicio**, **domicilio** e imagen o **ilustración**, entre otros.

1. **Observa y lee los siguientes carteles de anuncios publicitarios y responde lo que se pide.**

   a) ¿Has visto anuncios como estos? _____

   b) ¿Dónde? _____

   c) Observa y escribe qué es lo que todos tienen en común.

   _____

   _____

   d) ¿Cuál te gustó más? ¿Por qué?

   _____

   _____

Para un buen anuncio

Aprendizaje esperado. Reconoce el propósito de los anuncios publicitarios.

1. Observa los siguientes carteles publicitarios y escribe junto a cada uno qué anuncia.

a)

b)

c)

d)

Un anuncio funciona

Aprendizaje esperado. Lee anuncios publicitarios e identifica sus contenidos y características.

1. Lee el siguiente cartel.

XII ENCUENTRO NACIONAL DE GUITARRA
Capilla del Centro Cultural del Norte

Asiste con tu familia del
23 al 30 de noviembre
14:00 hrs.

Romero 34, entre Lilas y Azucenas

Costo del boleto: $50.00
Boleto familiar: $150.00 (Dos adultos y dos niños)
¡La música es para todos!

2. Escribe ✔ en cada una de las características que tenga este anuncio.

a) Tiene una finalidad clara. ____

b) Utiliza el mismo estilo de letra. ____

c) Puede anunciar cualquier cosa que se desee. ____

d) Hay diferencia en tamaño, color y tipo de letra. ____

e) Los datos son suficientes para poder comprar lo que se anuncia. ____

f) La ilustración no tiene relación con el contenido. ____

g) Tiene una frase publicitaria. ____

3. Copia la frase publicitaria.

_____

Para venderlo mejor

Aprendizajes esperados. Identifica las diferencias de tipografía de los carteles publicitarios y su utilidad para vender mejor. Repasa las características de los anuncios publicitarios. Comparte si en algún momento ha deseado tener algo que vio en un anuncio impreso y por qué.

1. Observa las partes del cartel que están señaladas.

Nombre del producto o negocio _____

Frase publicitaria _____

Descripción del producto _____

Imagen _____

Domicilio _____

Almacén

Caperucita

Ya sea para ir a ver a tu abuelita o encontrarte con el lobo, debes ir bien vestida.

Ropa en todas las tallas para niñas de todas las edades

Olmo # 96
Col. Bosques

2. Completa el texto con base en lo que observaste en el cartel. Utiliza las palabras del recuadro.

| mayor tamaño | nombre | equipaje | menor tamaño |

| servicio | tamaño mediano | datos | producto |

a) La frase con las letras de _____ es la del _____ del negocio, se escribe al centro y en la parte de arriba del anuncio.

b) Con letra de _____ se menciona el _____ que ofrece el negocio o el _____ que vende.

c) Finalmente, con letra de _____ se encuentran los _____ de localización del negocio.

3. Escribe las partes del cartel donde corresponda. Utiliza las palabras del recuadro.

nombre del producto o negocio   frase publicitaria

descripción del producto   imagen   domicilio

Bici Veloz

Las más veloces

Con canastilla,
frenos potentes,
varios colores y tamaños.

De venta en:
Cda. Rueda # 458.
Col. Tollocan. Edo. de México.

a) _____

b) _____

c) _____

d) _____

e) _____

4. **Responde las siguientes preguntas.**

a) ¿Para que son útiles los anuncios?

_____

_____

b) Describe un anuncio que te haya gustado o que le haya servido a alguien de tu familia o a ti.

_____

_____

c) ¿Alguna vez has querido tener algo que viste en un anuncio impreso?

_____

d) ¿Por qué?

_____

_____

_____

¿Cómo dijiste?

Aprendizajes esperados. Elabora anuncios impresos sobre un producto o servicio elegido, con dibujos y texto, para publicar en el periódico escolar. Utiliza frases adjetivas para escribir mensajes persuasivos.

1. **Elige la palabra adecuada para formar una frase adjetiva en cada caso. Encierra en un círculo la frase publicitaria.**

a) Los gatos son _____ cariñosos como los niños pequeños. ¡Adopta un gato!

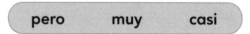

b) En esa colección de libros encontraremos datos _____ interesantes. Un libro, un buen amigo.

c) El juego para inventar palabras es _____ interesante. Jugamos casi tres horas. Tu lenguaje, tu mundo.

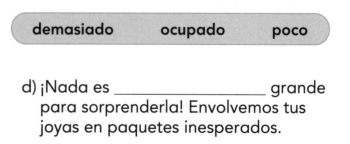

d) ¡Nada es _____ grande para sorprenderla! Envolvemos tus joyas en paquetes inesperados.

Quiero que sepan

Aprendizajes esperados. Elige un producto o servicio, puede ser de la comunidad, que requiera anunciarse. Escribe y dibuja el anuncio, considerando las características de los anuncios publicitarios impresos.

1. **Vamos a escribir un anuncio. Para empezar, observa la mochila y contesta lo que se pide.**

a) ¿Qué es? _____

b) ¿Cómo es? (tamaño, color, adornos, apariencia…) _____

_____

c) ¿Qué la hace diferente a otras? _____

d) ¿Cuánto cuesta? _____

e) ¿Dónde puedes obtener más informes para comprarla? _____

_____

f) Frase publicitaria _____

2. **Escribe el anuncio con letras de colores y diferentes tamaños. Incluye un dibujo.**

¿Qué letra es la correcta?

Aprendizaje esperado. Revisa y corrige su texto con ayuda del docente y al hacerlo reflexiona sobre la claridad del anuncio, la utilidad de incluir ilustraciones, el uso correcto de consonantes, acentos y puntuación.

1. Completa los siguientes enunciados. Usa las letras del recuadro. Después, escribe los acentos o puntos que hacen falta.

S s   C c   B b   V v

a) _____ e ha_____en tra_____ajos de plomeria y al_____añilería en el interior 105_____

_____ e _____omponen toda _____la_____e de aparato_____ eléctri_____o_____.

R r   N n   Y y   L l

b) ¿T_____abaja? ¿No puede _____ecoge_____ a sus _____iños de la escuela? _____osotros le a_____udamos _____ les damos de come_____ Sra. Diana Sáenz. Tel. 44251676.
Éste es el _____ugar ideal pa_____a sus pequeños.
Juegos y dive_____sión en un _____ugar segu_____o, p_____egunte por nuest_____as p_____omocio_____es.

F f   P p   J j   G g

c) Animacion para _____iestas in_____antiles, _____ayasos, magos o _____ersonajes de _____elículas.
Vea nuestro catálogo y eli_____a.

Comparo los anuncios

Aprendizaje esperado. Revisa anuncios y reflexiona sobre la claridad, utilidad de las ilustraciones y la tipografía utilizada.

1. Lee los siguientes anuncios.

a)

Usa tenis **CACLI** y gana todas las carreras. Más que CORRER, sentirás que VUELAS.

Búscalos en **TIENDAS DE PRESTIGIO**

b)

Vendo tenis Tigre
finos y cómodos.
Todos los números.
Se venden en todas
las tiendas.

2. Responde las siguientes preguntas.

a) ¿Cuál es la intención de los dos anuncios?

_____

b) Identifica las diferencias que hay en esos anuncios y escríbelas en el recuadro.

	Tenis Cacli	Tenis Tigre
La imagen es:		
Las letras son:		
El mensaje es:		

c) ¿Cuál crees que venderá más tenis? ¿Por qué?

_____

_____

Palabras trabadas

Aprendizaje esperado. Reconoce las sílabas trabadas y las escribe correctamente.

> Se llaman **palabras trabadas** todas aquellas que poseen **sílabas trabadas**, es decir, que tienen **dos consonantes seguidas y una vocal**. Por ejemplo: *pluma*, *problema* y *cabra*.

1. Completa las palabras con la sílaba trabada que le corresponde.

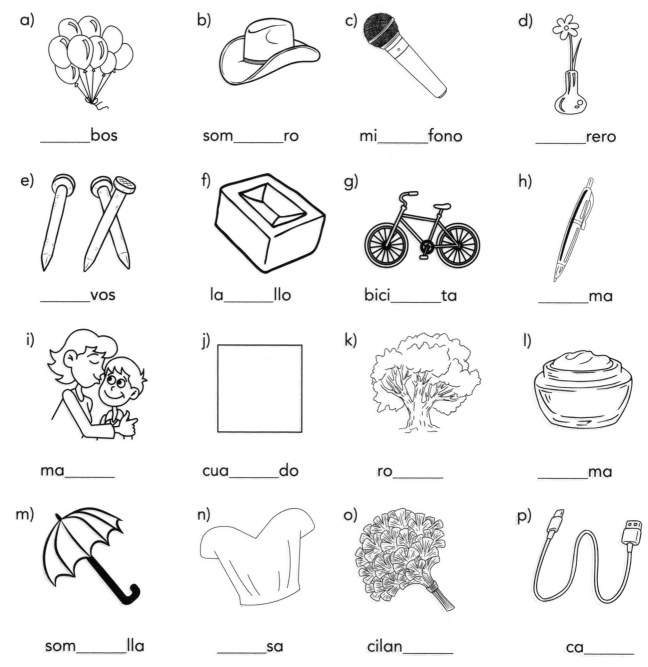

a) _____bos

b) som_____ro

c) mi_____fono

d) _____rero

e) _____vos

f) la_____llo

g) bici_____ta

h) _____ma

i) ma_____

j) cua_____do

k) ro_____

l) _____ma

m) som_____lla

n) _____sa

o) cilan_____

p) ca_____

2. Lee en voz alta todas las palabras que acabas de formar.

Con c o con qu

Aprendizaje esperado. Utiliza correctamente la c y la qu de acuerdo con el sonido que representan en diferentes palabras.

> La **letra c** cuando **suena como k**, se escribe **antes de a, o, u**. Por ejemplo: cama, cosa y cuna. Para producir el **sonido ke y ki** se utiliza **qu**, por ejemplo: queso y quiero.

1. Busca en la sopa de letras las palabras con c o qu, que están en el recuadro.

queso	cubeta	colchón	química

vaquilla	raqueta	cama

Q	O	L	E	V	U	H	A	C
C	U	C	H	A	C	T	A	A
U	R	I	Q	Q	E	E	M	R
B	I	O	M	U	O	O	U	L
E	A	S	Q	I	E	O	A	L
T	L	A	A	L	C	S	I	A
A	R	Q	A	L	M	A	O	A
C	A	M	A	A	D	F	L	H
A	C	O	L	C	H	O	N	A

2. Completa las palabras con c o qu según corresponda.

a) bar____illo

b) va____una

c) ____otorro

d) ban____eta

e) ____angrejo

f) ____ometa

La diversidad lingüística

Aprendizajes esperados. Reconoce la existencia de otras lenguas en su comunidad, además de su lengua materna e indaga sobre su uso. Investiga en diversas fuentes las lenguas que se practican en su comunidad además de español y algunos datos sobre ellas como origen, quiénes las usan, etc.

> La **diversidad lingüística** es la existencia de **diferentes lenguas** o idiomas en un **mismo lugar.** Por ejemplo, en **México,** además del español, existen diferentes lenguas **indígenas** que se hablan en diferentes partes del país.

1. Descubre los nombres de algunas lenguas indígenas que se hablan en México. Traza con colores diferentes cada tipo de línea, empezando con la letra mayúscula. Colorea del color correspondiente las letras de los recuadros.

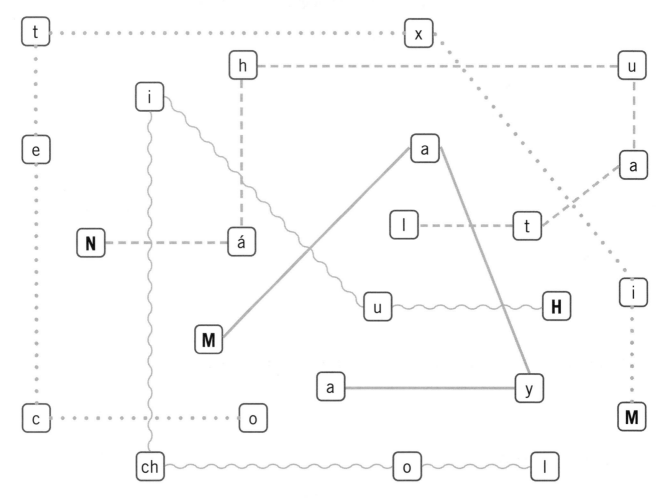

2. Escribe sobre la línea el nombre de la lengua indígena que encontraste. Después, investiga en qué estados se hablan y escribe uno debajo de cada línea.

a) _____

b) _ _ _ _ _ _ _ _ _ _

c) · · · · · · · · · · · · ·

d) ～～～～～～～

_____ _____ _____ _____

3. Las lenguas indígenas que se hablan en México provienen de diferentes pueblos indígenas. Une cada uno con su lengua.

a) Maya

b) Zapoteco

c) Huichol

d) Náhuatl

e) Otomí

f) Tarahumara

g) Mazahua

h) Lacandón

i) Mixteco

4. Por su importancia y por ser parte de nuestra cultura, muchas de las palabras que utilizamos actualmente provienen de lenguas indígenas. Une cada palabra indígena con el dibujo que le corresponde para conocer su origen.

a) papalotl

b) xocolatl

c) elotl

d) ahuacatl

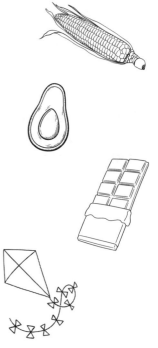

Hablando nos entendemos

Aprendizajes esperados. Investiga, mediante entrevistas, qué lenguas indígenas o extranjeras hablan diferentes miembros de su comunidad o familia. Toma notas con la información relevante obtenida. Revisa y corrige la coherencia y propiedad de sus notas.

1. **Entrevista a diferentes personas para averiguar qué otras lenguas hablan o conocen (pueden ser indígenas o extranjeras) y si conocen su origen. Para ayudarte, utiliza el siguiente cuestionario y complétalo. No olvides tomar notas.**

   a) ¿Cómo te llamas? _____

   b) ¿Hablas o conoces alguna lengua diferente al español? _____

   c) ¿Cuál? _____

   d) ¿De dónde proviene y en qué lugares se habla?

   _____

   e) ¿Dónde la utilizas? _____

   f) ¿Cómo dirías *amigo* en esa lengua? _____

2. **Escribe un reporte con los datos más importantes que obtuviste. Después, pide a tu maestro que lo revise y corrija.**

   _____
   _____
   _____
   _____
   _____

3. **Encierra en un círculo de color rojo las palabras que sean de una lengua indígena y de azul las de una lengua extranjera. Después, escribe debajo a qué lengua pertenecen. Investiga las palabras que no conozcas.**

   a) *boy*   b) *paal*   c) *enfant*   d) *piltontli*

   _____   _____   _____   _____

   e) *calli*   f) *home*   g) *nah*   h) *maison*

   _____   _____   _____   _____

Repaso

1. Lee el texto y encierra en un círculo de color rojo los nombres propios y en uno verde los nombres comunes.

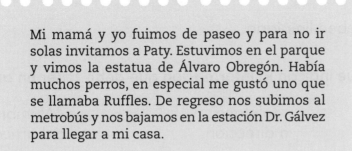

Mi mamá y yo fuimos de paseo y para no ir solas invitamos a Paty. Estuvimos en el parque y vimos la estatua de Álvaro Obregón. Había muchos perros, en especial me gustó uno que se llamaba Ruffles. De regreso nos subimos al metrobús y nos bajamos en la estación Dr. Gálvez para llegar a mi casa.

2. Completa las oraciones con las palabras correctas

a) La cartilla de salud y el acta de nacimiento son _____ de identificación.

b) Los datos más importantes y que se encuentran en los dos son: _____, fecha y _____ de _____.

c) Con el acta de nacimiento y la cartilla puedes realizar trámites como _____ en la escuela.

3. Escribe sobre las líneas los nombres de las partes de un instructivo, según corresponda.

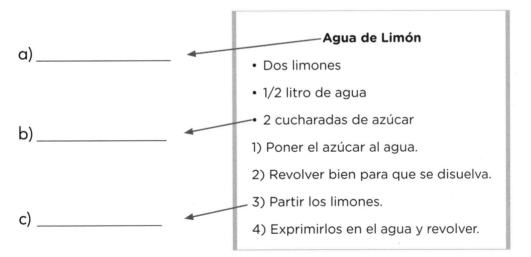

a) _____

Agua de Limón

- Dos limones
- 1/2 litro de agua
- 2 cucharadas de azúcar

b) _____

1) Poner el azúcar al agua.
2) Revolver bien para que se disuelva.
3) Partir los limones.
4) Exprimirlos en el agua y revolver.

c) _____

4. Escribe junto a los verbos la palabra _conjugado_ o _infinitivo_ según sea el caso.

a) amar _____   b) salgo _____   c) ir _____

d) saltan _____   e) comer _____   f) jugamos _____

5. **Subraya las oraciones que pertenecen a un reglamento.**

   a) Los niños y las niñas estudian en la escuela.

   b) Todos los alumnos deben usar uniforme.

   c) Los escritorios son cafés.

   d) Antes de salir del salón deben limpiarlo.

6. **Colorea los cuatro letreros que indican la información que debe tener un anuncio.**

   Quién lo vende

   Teléfono
   o dirección

   Nombre
   del artículo

   Por qué vende el
   artículo

   Descripción
   del artículo

7. **Escribe dos oraciones para cada dibujo.**

   a)

   b)

   c)

8. **Marca con una ✗ la respuesta correcta.**

   a) Es una palabra que proviene de una lengua indígena.

   • refresco   • jamón   • chocolate

   b) La palabra elote proviene de la palabra náhuatl…

   • *etole*   • *elotl*   • *elotle*

   c) Es una palabra en inglés:

   • *bread*   • *pan*   • *pain*

Números hasta el 100

Aprendizaje esperado. Lee, escribe y ordena números naturales hasta 1000.

1. Une los números y contesta lo que se pide.

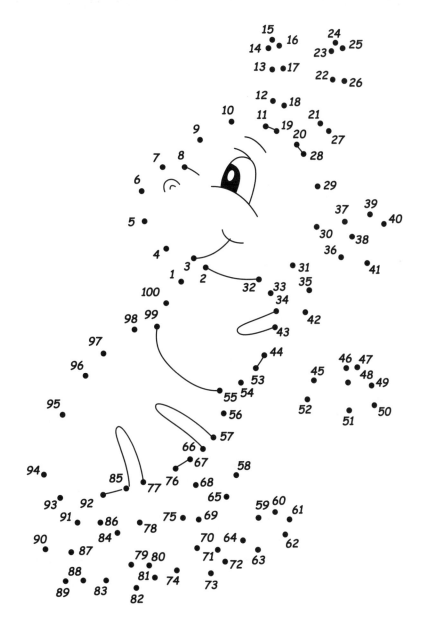

a) ¿Qué animal formaste? _____

b) ¿Cuál es el número mayor? _____

c) ¿Cuál es el número menor? _____

d) Escribe los 5 números que van después del 30: _____

e) Escribe los 5 números que van antes del 30: _____

Formemos números

Aprendizaje esperado. Lee, escribe y ordena números naturales hasta 1000.

1. Cuenta 10 peces y enciérralos en un círculo para formar una decena. Después, escribe en la columna cuántas decenas y unidades hay. Fíjate en el ejemplo.

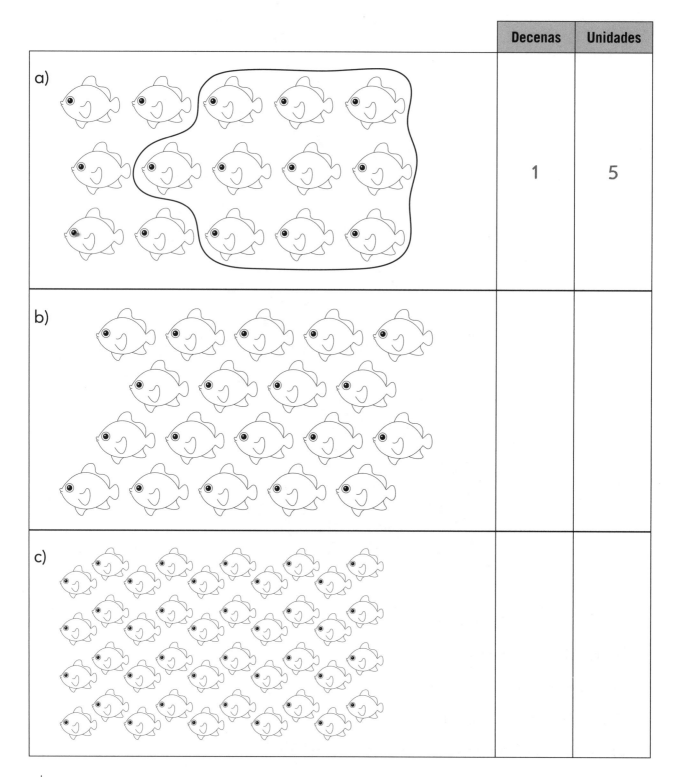

	Decenas	Unidades
a)	1	5
b)		
c)		

	Decenas	Unidades
d)		
e)		
f)		

Escritura de números hasta el 100

Aprendizaje esperado. Lee, escribe y ordena números naturales hasta 1000.

> Los números se forman escribiendo del lado derecho las **unidades** y del izquierdo las **decenas**. Los números hasta el 30 se escriben utilizando una sola palabra y para escribir los mayores se emplean tres. Observa:
>
> **25 veinticinco**   **35 treinta y cinco**

1. Observa cómo se escriben los siguientes números.

0	cero	**10**	diez	**20**	veinte	**30**	treinta
1	uno	**11**	once	**21**	veintiuno	**40**	cuarenta
2	dos	**12**	doce	**22**	veintidós	**50**	cincuenta
3	tres	**13**	trece	**23**	veintitrés	**60**	sesenta
4	cuatro	**14**	catorce	**24**	veinticuatro	**70**	setenta
5	cinco	**15**	quince	**25**	veinticinco	**80**	ochenta
6	seis	**16**	dieciséis	**26**	veintiséis	**90**	noventa
7	siete	**17**	diecisiete	**27**	veintisiete	**100**	cien
8	ocho	**18**	dieciocho	**28**	veintiocho		
9	nueve	**19**	diecinueve	**29**	veintinueve		

2. Colorea del mismo color las pelotas que tienen el mismo número.

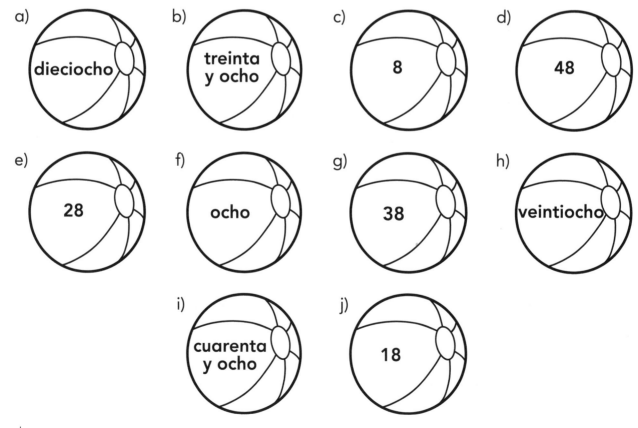

a) dieciocho

b) treinta y ocho

c) 8

d) 48

e) 28

f) ocho

g) 38

h) veintiocho

i) cuarenta y ocho

j) 18

3. Marca con una ✗ el número correcto. Fíjate en el ejemplo.

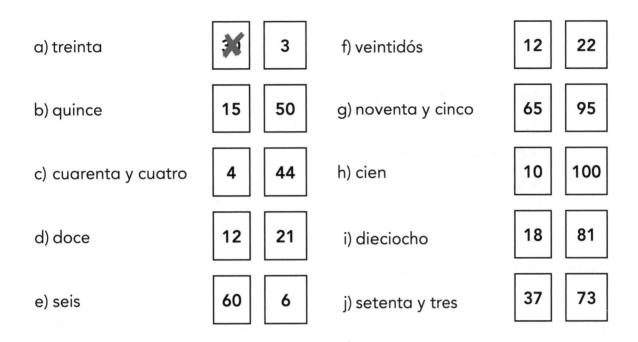

a) treinta — [✗ 30] [3] f) veintidós — [12] [22]

b) quince — [15] [50] g) noventa y cinco — [65] [95]

c) cuarenta y cuatro — [4] [44] h) cien — [10] [100]

d) doce — [12] [21] i) dieciocho — [18] [81]

e) seis — [60] [6] j) setenta y tres — [37] [73]

4. Subraya el número correcto.

a) **16** dieciséis veintiséis

b) **87** setenta y ocho ochenta y siete

c) **67** setenta y siete sesenta y siete

d) **70** sesenta setenta

e) **28** veintiocho dieciocho

f) **37** treinta y siete veintisiete

g) **99** sesenta y nueve noventa y nueve

h) **26** dieciséis veintiséis

i) **53** cincuenta y dos cincuenta y tres

j) **41** noventa y uno cuarenta y uno

Figuras geométricas

Aprendizaje esperado. Construye y describe figuras y cuerpos geométricos.

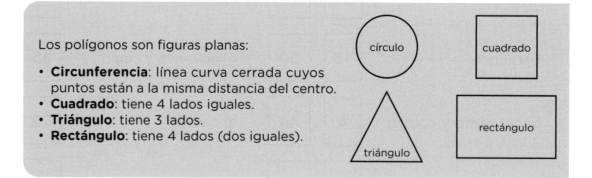

Los polígonos son figuras planas:

- **Circunferencia**: línea curva cerrada cuyos puntos están a la misma distancia del centro.
- **Cuadrado**: tiene 4 lados iguales.
- **Triángulo**: tiene 3 lados.
- **Rectángulo**: tiene 4 lados (dos iguales).

círculo

cuadrado

triángulo

rectángulo

1. Colorea cada figura de acuerdo a lo que indican los recuadros.

círculo: amarillo   cuadrado: azul   triángulo: verde   rectángulo: negro

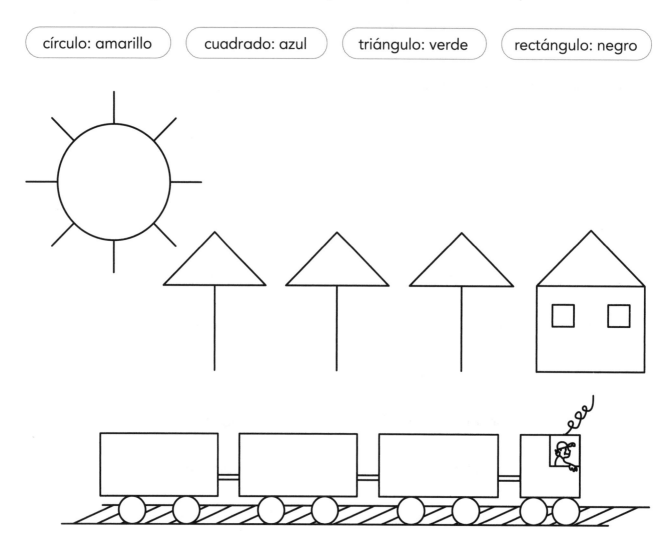

2. Completa la tabla siguiendo la información. Fíjate en el ejemplo.

	Azul	Verde	Negro	Rojo
△			▲	
▭				
◯				
□				

3. Dibuja un barco utilizando las figuras del ejercicio anterior.

Sumas con números hasta el 100

Aprendizaje esperado. Resuelve problemas de suma y resta con números naturales hasta 1000.

> Es recomendable siempre empezar a sumar el número mayor sin importar el orden: por ejemplo, si tienes **3 + 6 + 1** retén en tu mente el 6 y después agrégale 3 y al final el 1, así lo harás más rápido.

1. Tomás y sus amigos están jugando a tirar dados. Súmalos y escribe los resultados. Fíjate en el ejemplo.

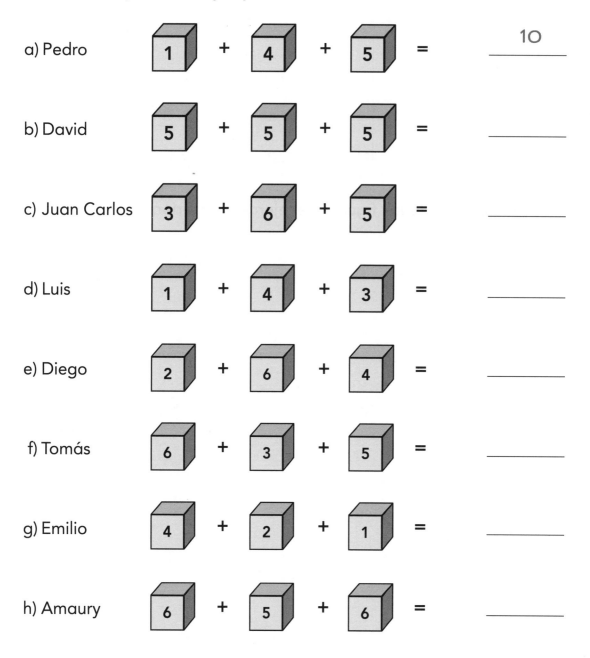

a) Pedro $\quad$ 1 + 4 + 5 = $\quad$ 10

b) David $\quad$ 5 + 5 + 5 = _____

c) Juan Carlos $\quad$ 3 + 6 + 5 = _____

d) Luis $\quad$ 1 + 4 + 3 = _____

e) Diego $\quad$ 2 + 6 + 4 = _____

f) Tomás $\quad$ 6 + 3 + 5 = _____

g) Emilio $\quad$ 4 + 2 + 1 = _____

h) Amaury $\quad$ 6 + 5 + 6 = _____

Registra datos

Aprendizaje esperado. Recolecta datos y hace registros personales.

1. Colorea el número de casillas de acuerdo con las respuestas de la página anterior. Guíate con el ejemplo.

	Pedro	David	Juan Carlos	Luis	Diego	Tomás	Emilio	Amaury
20								
19								
18								
17								
16								
15								
14								
13								
12								
11								
10								
9								
8								
7								
6								
5								
4								
3								
2								
1								

2. De acuerdo con la tabla contesta.

a) ¿Quién sumó más puntos? _____

b) ¿Quién sumó menos puntos? _____

c) ¿Quiénes sumaron más de 10? _____

_____

d) ¿Quiénes sumaron menos de 10? _____

_____

Puedes jugar con algún amigo e ir sumando los resultados. Seguro te vas a divertir.

Sumas hasta el 100

Aprendizaje esperado. Usa el algoritmo convencional para sumar.

> Los números que se van a sumar se llaman **sumandos** y el resultado es la **suma** o **total**.
>
> $\begin{array}{r} 14 \leftarrow \\ +\ \ 3 \leftarrow \\ \hline 17 \leftarrow \end{array}$ **sumandos**
>
> **suma**

1. Resuelve las siguientes sumas.

a)
$$\begin{array}{r} 3\,0 \\ +\ \ 5 \\ \hline \end{array}$$

b)
$$\begin{array}{r} 9\,0 \\ +\ \ 1 \\ \hline \end{array}$$

c)
$$\begin{array}{r} 7\,0 \\ +\ \ 8 \\ \hline \end{array}$$

d)
$$\begin{array}{r} 6\,5 \\ +\ \ 2 \\ \hline \end{array}$$

e)
$$\begin{array}{r} 4\,1 \\ +\ \ 7 \\ \hline \end{array}$$

f)
$$\begin{array}{r} 2\,3 \\ +\ \ 3 \\ \hline \end{array}$$

g)
$$\begin{array}{r} 6\,7 \\ +\ \ 2 \\ \hline \end{array}$$

h)
$$\begin{array}{r} 9\,2 \\ +\ \ 0 \\ \hline \end{array}$$

i)
$$\begin{array}{r} 3\,3 \\ +\ \ 4 \\ \hline \end{array}$$

j)
$$\begin{array}{r} 8\,0 \\ +\ \ 9 \\ \hline \end{array}$$

k)
$$\begin{array}{r} 4\,4 \\ +\ \ 5 \\ \hline \end{array}$$

l)
$$\begin{array}{r} 7\,6 \\ +\ \ 2 \\ \hline \end{array}$$

m)
$$\begin{array}{r} 5\,1 \\ +\ \ 5 \\ \hline \end{array}$$

n)
$$\begin{array}{r} 7\,0 \\ +\ \ 8 \\ \hline \end{array}$$

o)
$$\begin{array}{r} 9\,0 \\ +\ \ 0 \\ \hline \end{array}$$

p)
$$\begin{array}{r} 6\,6 \\ +\ \ 2 \\ \hline \end{array}$$

q)
$$\begin{array}{r} 5\,0 \\ +\ \ 7 \\ \hline \end{array}$$

r)
$$\begin{array}{r} 4\,5 \\ +\ \ 4 \\ \hline \end{array}$$

s)
$$\begin{array}{r} 2\,3 \\ +\ \ 6 \\ \hline \end{array}$$

t)
$$\begin{array}{r} 7\,1 \\ +\ \ 7 \\ \hline \end{array}$$

2. Resuelve las sumas y colorea las casillas con los resultados para que el perro llegue a su casa.

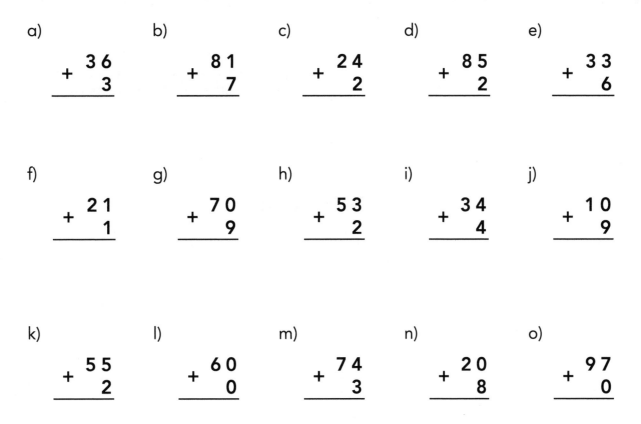

a)
```
    3 6
+     3
_____
```

b)
```
    8 1
+     7
_____
```

c)
```
    2 4
+     2
_____
```

d)
```
    8 5
+     2
_____
```

e)
```
    3 3
+     6
_____
```

f)
```
    2 1
+     1
_____
```

g)
```
    7 0
+     9
_____
```

h)
```
    5 3
+     2
_____
```

i)
```
    3 4
+     4
_____
```

j)
```
    1 0
+     9
_____
```

k)
```
    5 5
+     2
_____
```

l)
```
    6 0
+     0
_____
```

m)
```
    7 4
+     3
_____
```

n)
```
    2 0
+     8
_____
```

o)
```
    9 7
+     0
_____
```

36	81	0	96	81	77	31
39	88	26	87	78	50	44
33	87	29	39	36	31	18
41	36	2	22	79	55	38
59	10	0	21	76	25	19
22	1	94	19	61	60	57
5	58	13	9	76	77	98
99	66	76	10	20	28	97
14	13	25	17	44	11	96

El calendario

Aprendizaje esperado. Estima, compara y ordena eventos usando unidades convencionales de tiempo: día, semana, mes y año.

> El calendario nos sirve para representar los días, las semanas y los meses del año.

1. Escribe el nombre de los meses que le faltan al calendario.

Calendario

Enero

L	M	M	J	V	S	D
		1	2	3	4	5
6	7	8	9	10	11	12
13	14	15	16	17	18	19
20	21	22	23	24	25	26
27	28	29	30	31		

L	M	M	J	V	S	D
					1	2
3	4	5	6	7	8	9
10	11	12	13	14	15	16
17	18	19	20	21	22	23
24	25	26	27	28	29	

L	M	M	J	V	S	D
						1
2	3	4	5	6	7	8
9	10	11	12	13	14	15
16	17	18	19	20	21	22
23	24	25	26	27	28	29
30	31					

L	M	M	J	V	S	D
		1	2	3	4	5
6	7	8	9	10	11	12
13	14	15	16	17	18	19
20	21	22	23	24	25	26
27	28	29	30			

L	M	M	J	V	S	D
			1	2	3
4	5	6	7	8	9	10
11	12	13	14	15	16	17
18	19	20	21	22	23	24
25	26	27	28	29	30	31

Junio

L	M	M	J	V	S	D
1	2	3	4	5	6	7
8	9	10	11	12	13	14
15	16	17	18	19	20	21
22	23	24	25	26	27	28
29	30					

L	M	M	J	V	S	D
		1	2	3	4	5
6	7	8	9	10	11	12
13	14	15	16	17	18	19
20	21	22	23	24	25	26
27	28	29	30	31		

L	M	M	J	V	S	D
					1	2
3	4	5	6	7	8	9
10	11	12	13	14	15	16
17	18	19	20	21	22	23
24	25	26	27	28	29	30
31						

L	M	M	J	V	S	D
	1	2	3	4	5	6
7	8	9	10	11	12	13
14	15	16	17	18	19	20
21	22	23	24	25	26	27
28	29	30				

L	M	M	J	V	S	D
			1	2	3	4
5	6	7	8	9	10	11
12	13	14	15	16	17	18
19	20	21	22	23	24	25
26	27	28	29	30	31	

L	M	M	J	V	S	D
						1
2	3	4	5	6	7	8
9	10	11	12	13	14	15
16	17	18	19	20	21	22
23	24	25	26	27	28	29
30						

Diciembre

L	M	M	J	V	S	D
	1	2	3	4	5	6
7	8	9	10	11	12	13
14	15	16	17	18	19	20
21	22	23	24	25	26	27
28	29	30	31			

2. De acuerdo con el calendario contesta lo que se pide.

a) ¿Cuál es el mes que tiene menos de 30 días? _____

b) Escribe el nombre de los meses que tienen 30 días. _____

_____

_____

_____

c) Escribe el nombre de los meses que tienen 31 días. _____

_____

_____

_____

d) Escribe la fecha de tu cumpleaños _____

Localízala en el calendario y márcala con una ✗ roja.

e) Escribe el nombre del mes en el que se festeja el día las madres.

_____

f) Localiza el día de hoy y márcalo con una ✗ verde.

g) ¿Cuántos días tiene un año? _____

h) ¿Cuál es el último mes del año? _____

i) Escribe los 7 días de la semana: _____

_____

_____

_____

Resolución de problemas con sumas hasta el 100

Aprendizaje esperado. Resuelve problemas de suma y resta con números naturales hasta 1000.

1. Observa el puesto de verduras y responde las siguientes preguntas.

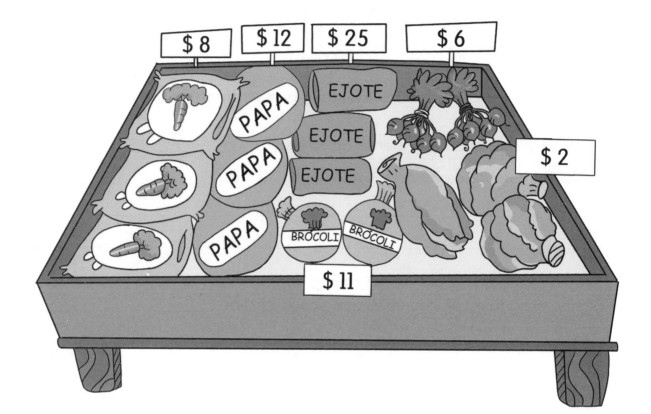

a) ¿Cuánto debo pagar por un manojo de rábanos y una lechuga? _____

b) ¿Cuántas lechugas puedo comprar con $10? _____

c) Si compro 2 bolsas de papas, ¿cuánto debo pagar? _____

d) ¿Cuánto debo pagar si compro una bolsa de ejotes y una de papa? _____

e) Escribe los precios del más barato al más caro:

_____

_____

Secuencia de polígonos

Aprendizaje esperado. Construye y describe figuras y cuerpos geométricos.

1. Observa las figuras y completa cada renglón siguiendo el mismo orden.

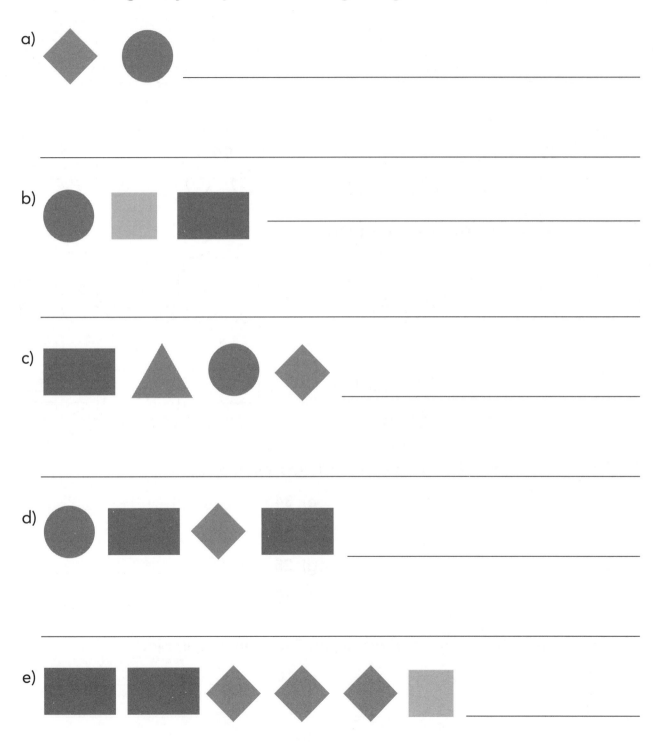

Antecesor y sucesor hasta el 100

Aprendizaje esperado. Lee, escribe y ordena números naturales hasta 1000.

1. Escribe el número que va después (sucesor).

a)

b)

c)

d)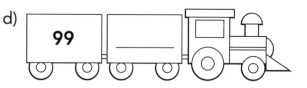

2. Escribe el número que va antes (antecesor).

a)

b)

c)

d)

3. Escribe con letras el número sucesor. Fíjate en el ejemplo.

a) **27** _veintiocho_   e) **34** _____

b) **19** _____   f) **22** _____

c) **69** _____   g) **25** _____

d) **15** _____   h) **49** _____

4. Escribe con letras el número antecesor. Fíjate en el ejemplo.

a) **88** _ochenta y siete_   e) **10** _____

b) **1** _____   f) **70** _____

c) **20** _____   g) **24** _____

d) **59** _____   h) **48** _____

Signos mayor que, menor que e igual

Aprendizaje esperado. Lee, escribe y ordena números naturales hasta 1000.

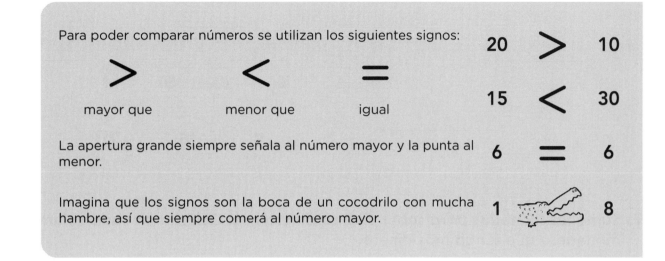

Para poder comparar números se utilizan los siguientes signos:

> mayor que   < menor que   = igual

La apertura grande siempre señala al número mayor y la punta al menor.

Imagina que los signos son la boca de un cocodrilo con mucha hambre, así que siempre comerá al número mayor.

20 > 10

15 < 30

6 = 6

1 🐊 8

1. Escribe el signo que corresponda. Fíjate en el ejemplo.

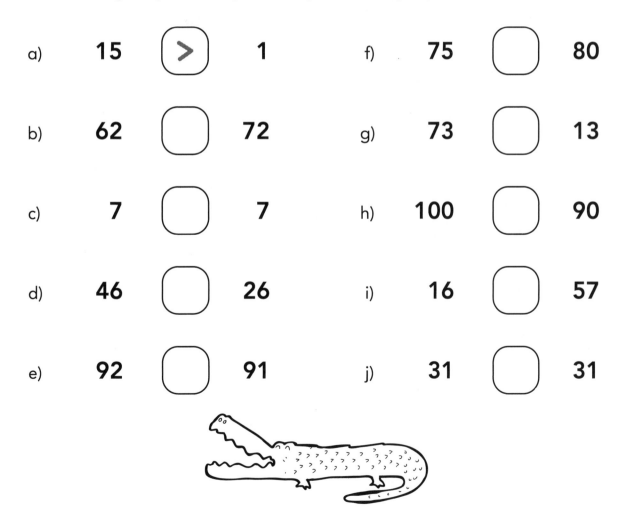

a) 15 ⟨ > ⟩ 1

b) 62 ⬜ 72

c) 7 ⬜ 7

d) 46 ⬜ 26

e) 92 ⬜ 91

f) 75 ⬜ 80

g) 73 ⬜ 13

h) 100 ⬜ 90

i) 16 ⬜ 57

j) 31 ⬜ 31

Dinero

Aprendizaje esperado. Resuelve problemas de suma y resta con números naturales hasta 1000.

> Cuando queremos pagar algún artículo o servicio utilizamos **dinero**. En México se utilizan los pesos y las siguientes monedas.
>
> 5¢ 10¢ 20¢ 50¢ $1
>
> $2 $5 $10 $20

1. **Suma las monedas para saber cuánto dinero hay. Colorea en cada columna el monedero que tenga más dinero.**

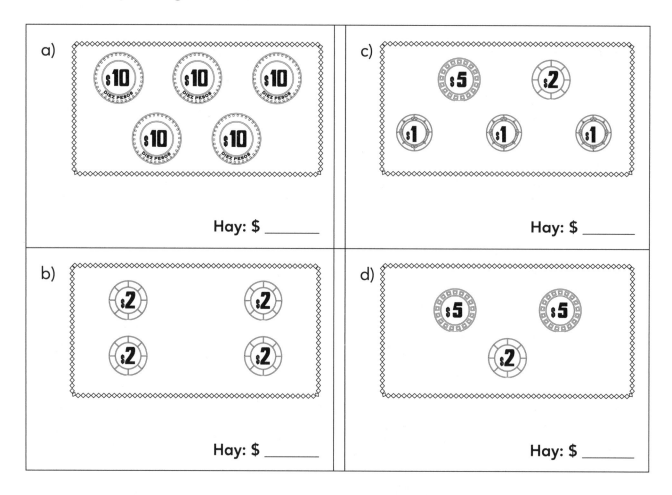

a)

Hay: $ _____

c)

Hay: $ _____

b)

Hay: $ _____

d)

Hay: $ _____

2. Observa las imágenes y contesta lo que se pide.

 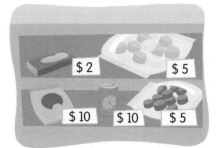

a) Jorge tiene tres monedas de $10. Dibújalas y escribe sobre la línea cuánto dinero es: _____

b) Dibuja las monedas con las que podría pagar unas papas y un jugo.

c) Dibuja las monedas con las que podría pagar 5 chicles.

d) Dibuja las monedas con las que podría pagar unos chocolates y unos dulces.

Trazo y medición de trayectos

Aprendizaje esperado. Estima, mide, compara y ordena longitudes, con unidades no convencionales.

1. Colorea de verde los cuadritos que debe seguir el perro para llegar a su comida sin chocar con los objetos.

2. Busca un camino diferente para llevar al perro hasta su comida y coloréalo de morado.

3. Subraya la respuesta correcta y responde lo que se te pide.

   a) Para que el perro llegue a su comida debe caminar...

   • Menos de 20 cuadros   • Más de 20 cuadros

   b) ¿Cuántos cuadros recorrió en el camino verde? _____

   ¿Cuántos cuadros recorrió en el camino morado? _____

4. ¿Cuál de los dos caminos debe seguir el perro? ¿Por qué?

   _____

   _____

Identificación de cuerpos geométricos en una composición

Aprendizaje esperado. Construye y describe figuras y cuerpos geométricos.

1. Observa la forma que tienen los objetos de la imagen.

2. Escribe en la tabla cuántas figuras hay de cada tipo.

Figura	Cantidad
a) cilindro	
b) cubo	
c) esfera	
d) pirámide	

Restas

Aprendizaje esperado. Calcula mentalmente sumas y restas de números de dos cifras.

> Recuerda que restar es quitar. Las partes de la resta son:
>
> $$-\frac{\begin{array}{r} 46 \\ 22 \end{array}}{24}$$
>
> 46 ← **minuendo**
> 22 ← **sustraendo**
> 24 ← **diferencia**

1. Resuelve las restas y marca con una ✗ el resultado. Fíjate en el ejemplo.

	9	8	7	6	5	4	3	2	1
a) 9 − 1 =		✗							
b) 7 − 5 =									
c) 9 − 6 =									
d) 7 − 2 =									
e) 8 − 1 =									
f) 9 − 3 =									
g) 1 − 0 =									
h) 3 − 1 =									
i) 8 − 0 =									
j) 8 − 4 =									
k) 6 − 4 =									
l) 5 − 4 =									

Restas con números hasta el 100

Aprendizaje esperado. Resuelve problemas de suma y resta con números naturales hasta 1000.

1. Resuelve las siguientes restas.

a) $30 - 5 =$ _____

b) $97 - 1 =$ _____

c) $73 - 2 =$ _____

d) $55 - 4 =$ _____

e) $49 - 7 =$ _____

f) $23 - 3 =$ _____

g) $67 - 6 =$ _____

h) $92 - 1 =$ _____

i) $34 - 2 =$ _____

j) $88 - 4 =$ _____

k) $44 - 22 =$ _____

l) $76 - 52 =$ _____

m)
$$\begin{array}{r} 5\,1 \\ -\ 5\,0 \\ \hline \end{array}$$

n)
$$\begin{array}{r} 7\,3 \\ -\ 1\,2 \\ \hline \end{array}$$

o)
$$\begin{array}{r} 9\,9 \\ -\ 8\,7 \\ \hline \end{array}$$

p)
$$\begin{array}{r} 6\,5 \\ -\ 3\,2 \\ \hline \end{array}$$

q)
$$\begin{array}{r} 5\,3 \\ -\ 1\,2 \\ \hline \end{array}$$

r)
$$\begin{array}{r} 7\,8 \\ -\ 2\,5 \\ \hline \end{array}$$

s)
$$\begin{array}{r} 6\,6 \\ -\ 4\,6 \\ \hline \end{array}$$

t)
$$\begin{array}{r} 7\,4 \\ -\ 7\,2 \\ \hline \end{array}$$

u)
$$\begin{array}{r} 3\,9 \\ -\ 1\,0 \\ \hline \end{array}$$

v)
$$\begin{array}{r} 4\,2 \\ -\ 3\,1 \\ \hline \end{array}$$

2. Encuentra los resultados de las restas en la sopa de letras. Después, escríbelos en las líneas con letra y ordénalos del menor al mayor. Fíjate en el ejemplo.

a)
$$\begin{array}{r} 49 \\ - 1 \\ \hline 48 \end{array}$$

b)
$$\begin{array}{r} 46 \\ - 25 \\ \hline \end{array}$$

c)
$$\begin{array}{r} 39 \\ - 1 \\ \hline \end{array}$$

d)
$$\begin{array}{r} 44 \\ - 12 \\ \hline \end{array}$$

e)
$$\begin{array}{r} 27 \\ - 26 \\ \hline \end{array}$$

f)
$$\begin{array}{r} 38 \\ - 16 \\ \hline \end{array}$$

g)
$$\begin{array}{r} 22 \\ - 12 \\ \hline \end{array}$$

h)
$$\begin{array}{r} 47 \\ - 5 \\ \hline \end{array}$$

a	b	f	i	v	e	i	n	t	i	d	o	s	a
c	u	a	r	e	n	t	a	y	o	c	h	o	o
d	e	t	r	e	i	n	t	a	y	o	c	h	o
i	v	e	i	n	t	i	u	n	o	g	h	i	j
e	f	c	u	a	r	e	n	t	a	y	d	o	s
z	r	t	w	x	y	z	a	b	n	m	y	u	p
t	r	e	i	n	t	a	y	d	o	s	m	n	g
a	b	c	d	e	f	g	h	i	j	k	l	o	h

a) _____

b) _____

c) _____

d) _____

e) _____

f) _____

g) _____

h) _____ cuarenta y ocho _____

Resolución de problemas con restas hasta el 100

Aprendizaje esperado. Resuelve problemas de suma y resta con números naturales hasta 1000.

1. Resuelve los siguientes problemas.

a) Mi mamá tenía 57 chocolates y regaló 37, ¿cuántos le quedaron?

Datos   Operación

R: Le quedaron _____ chocolates.

b) Un panadero hizo 84 donas para vender. Al final del día le quedaron 21, ¿cuántas donas vendió?

Datos   Operación

R: Vendió _____ donas.

c) Mi abuelita compró unos aretes que le costaron $62, si tenía $95 ¿cuánto dinero le sobró?

Datos   Operación

R: Le sobraron _____ pesos.

Resolución de problemas con sumas y restas hasta el 100

Aprendizaje esperado. Resuelve problemas de suma y resta con números naturales hasta 1000.

1. Subraya la operación que representa el problema y escribe el resultado.

a) Malena tenía 27 pulseras. Después le regaló 14 a su hermana. ¿Cuántas le quedaron?

- 27 + 14   • 27 – 14   • 14 – 27

Le quedaron _____ pulseras.

b) Un equipo de béisbol tenía 66 pelotas para entrenar, pero el instructor llevó 22 más. ¿Cuántas pelotas tiene el equipo ahora?

- 66 – 22   • 22 – 66   • 66 + 22

Tienen _____ pelotas.

c) Quique compró 75 canicas y perdió 25, pero su papá le dio 10 más. ¿Cuántas canicas tiene ahora?

- 75 + 25 + 10   • 75 + 25 – 10   • 75 – 25 + 10

Tiene _____ canicas.

2. Resuelve el siguiente problema.

a) Hoy fue la olimpiada interescolar.

- Compitieron 55 niños y 22 niñas de mi escuela. ¿Cuántos niños compitieron en total? _____

- Ganaron 48 medallas: 23 de plata y 1 de bronce. ¿Cuántas fueron de oro? _____

- Las competencias duraron 3 días: el viernes ganaron 15 medallas y el sábado 11. ¿Cuántas ganaron el domingo?

_____

Comparación directa de peso

Aprendizaje esperado. Estima, mide, compara y ordena pesos con unidades no convencionales y el kilogramo.

> Para saber cuánto pesa un objeto utilizamos como medida el kilogramo **kg**.
>
> La báscula es un aparato que sirve para medir el peso.

1. Observa en las básculas cuánto pesa cada fruta.

papaya   sandía   mango

2. Dibuja la manecilla en las básculas de acuerdo con el peso de cada fruta.

a)

b)

c)

3. Responde las preguntas.

a) ¿Qué fruta pesa más? _____

b) ¿Cuál es la diferencia de peso entre la fruta que pesa más y la que pesa menos?

_____

c) ¿Qué pesa más, tres sandías o seis papayas? _____

Multiplicación

Aprendizaje esperado. Resuelve problemas de multiplicación con números naturales menores que 10.

Multiplicar es una operación matemática que consiste en sumar un número tantas veces como indica otro, es decir, es una suma abreviada. Observa:

Hay 3 grupos de 4 abejas, es decir, 3 veces 4.

$4 + 4 + 4 = 12$

$3 \times 4 = 12$

1. **Observa los dibujos y contesta. Guíate con el ejemplo del texto.**

a) Hay _____ grupos de _____ caracoles. Es decir: _____ veces _____

c) Hay _____ grupos de _____ catarinas. Es decir: _____ veces _____

b) Hay _____ grupos de _____ grillos. Es decir: _____ veces _____

d) Hay _____ grupos de _____ arañas. Es decir: _____ veces _____

e) Hay _____ grupos de _____
orugas. Es decir: _____ veces ___

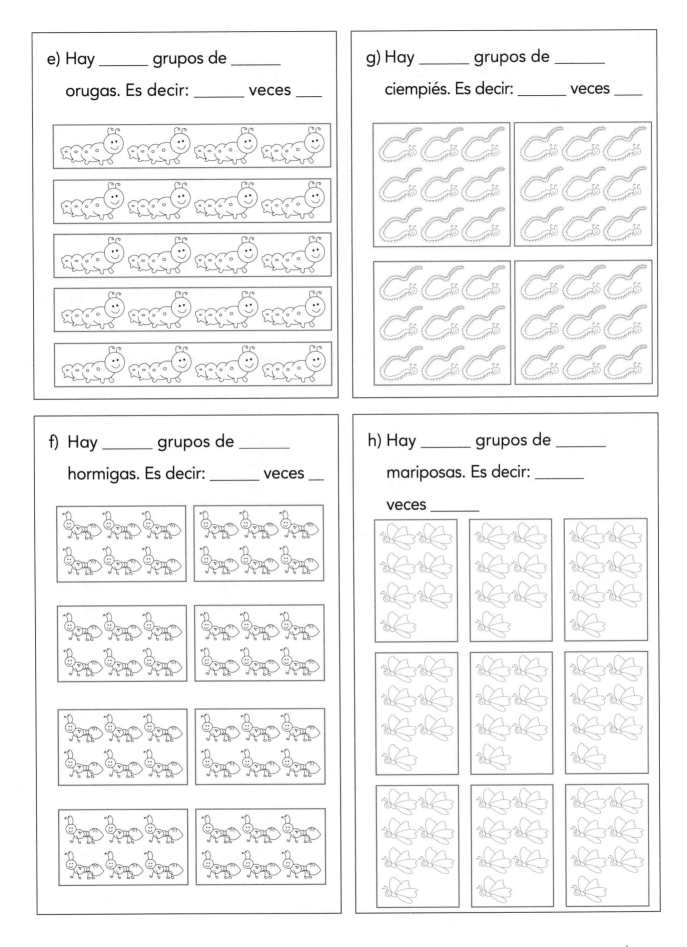

g) Hay _____ grupos de _____
ciempiés. Es decir: _____ veces ___

f) Hay _____ grupos de _____
hormigas. Es decir: _____ veces __

h) Hay _____ grupos de _____
mariposas. Es decir: _____
veces _____

Repaso

1. Relaciona las 3 columnas. Guíate con el ejemplo.

a) **68**   noventa   2 decenas, 6 unidades

b) **26**   cuarenta y uno   4 decenas, 1 unidad

c) **90**   catorce   1 decena, 4 unidades

d) **41**   sesenta y ocho ──────────→ 6 decenas, 8 unidades

e) **14**   dieciséis   9 decenas, 0 unidades

f) **16**   veintiséis   1 decena, 6 unidades

2. Realiza las operaciones y después coloca el signo >, < o =, según corresponda. Fíjate en el ejemplo.

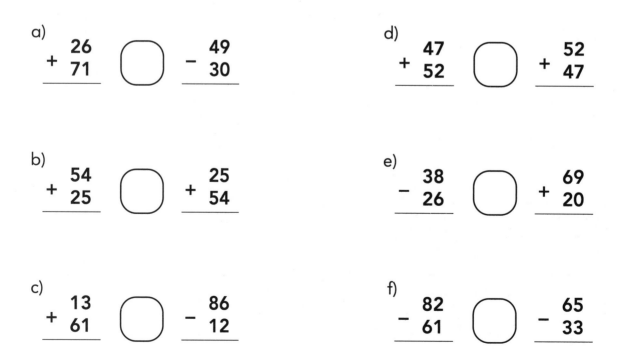

$$
\begin{array}{r} 20 \\ - 10 \\ \hline 10 \end{array}
\;\boxed{<}\;
\begin{array}{r} 10 \\ + 10 \\ \hline 20 \end{array}
$$

a)
$$
\begin{array}{r} 26 \\ + 71 \\ \hline \end{array}
\;\bigcirc\;
\begin{array}{r} 49 \\ - 30 \\ \hline \end{array}
$$

d)
$$
\begin{array}{r} 47 \\ + 52 \\ \hline \end{array}
\;\bigcirc\;
\begin{array}{r} 52 \\ + 47 \\ \hline \end{array}
$$

b)
$$
\begin{array}{r} 54 \\ + 25 \\ \hline \end{array}
\;\bigcirc\;
\begin{array}{r} 25 \\ + 54 \\ \hline \end{array}
$$

e)
$$
\begin{array}{r} 38 \\ - 26 \\ \hline \end{array}
\;\bigcirc\;
\begin{array}{r} 69 \\ + 20 \\ \hline \end{array}
$$

c)
$$
\begin{array}{r} 13 \\ + 61 \\ \hline \end{array}
\;\bigcirc\;
\begin{array}{r} 86 \\ - 12 \\ \hline \end{array}
$$

f)
$$
\begin{array}{r} 82 \\ - 61 \\ \hline \end{array}
\;\bigcirc\;
\begin{array}{r} 65 \\ - 33 \\ \hline \end{array}
$$

3. **Completa las frases utilizando las palabras en la caja.**

| meses | calendario | enero | marzo | febrero | días |

a) El año tiene 365 _____ y 12 _____.

b) _____ es el mes en el que inicia la primavera.

c) El _____ sirve para representar los días, las semanas y los meses del año.

d) _____ es el mes que tiene 29 días cada cuatro años.

e) El primer mes del año es _____.

4. **Colorea cada figura como se indica.**

| pirámide: rojo | esfera: rosa | cubo: azul |

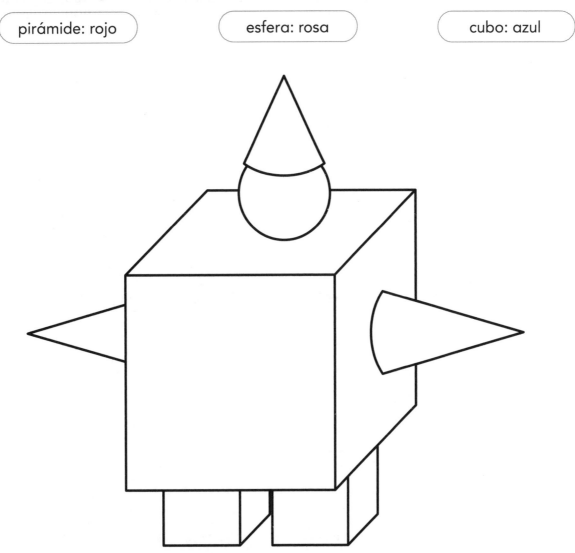

Números hasta el 999

Aprendizaje esperado. Lee, escribe y ordena números naturales hasta 1000.

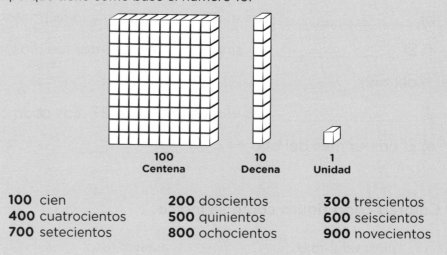

Nosotros utilizamos el sistema de numeración decimal, se llama así porque tiene como base el número 10.

| 100 Centena | 10 Decena | 1 Unidad |

100	cien	200	doscientos	300	trescientos
400	cuatrocientos	500	quinientos	600	seiscientos
700	setecientos	800	ochocientos	900	novecientos

1. **Cuenta las centenas, decenas y unidades que hay y escribe en los recuadros la cantidad. Fíjate en el ejemplo.**

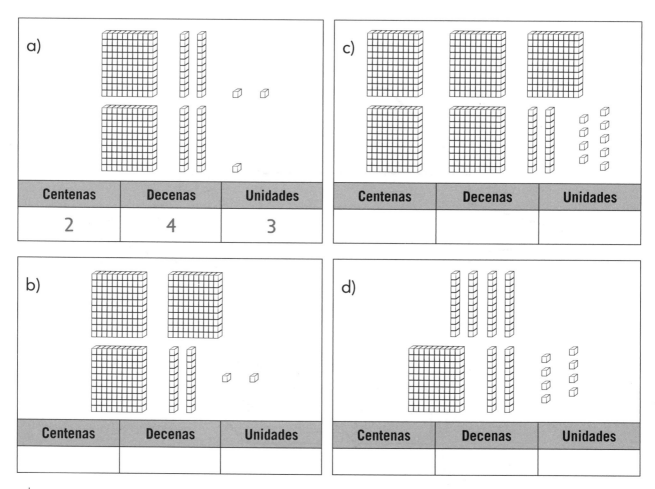

a)

Centenas	Decenas	Unidades
2	4	3

c)

Centenas	Decenas	Unidades

b)

Centenas	Decenas	Unidades

d)

Centenas	Decenas	Unidades

e)

Centenas	Decenas	Unidades

i)

Centenas	Decenas	Unidades

f)

Centenas	Decenas	Unidades

j)

Centenas	Decenas	Unidades

g)

Centenas	Decenas	Unidades

k)

Centenas	Decenas	Unidades

h)

Centenas	Decenas	Unidades

l)

Centenas	Decenas	Unidades

2. Encierra en un círculo las centenas, las decenas y las unidades que forman cada cantidad. Fíjate en el ejemplo.

a)	**378**	30	(300)	(70)	80	(8)
b)	**39**	3	90	30	900	9
c)	**878**	800	80	8	70	700
d)	**581**	50	500	10	1	80
e)	**702**	70	700	7	20	2
f)	**153**	10	100	1	50	3
g)	**965**	900	90	60	50	5
h)	**408**	40	400	4	8	80
i)	**333**	30	3	300	10	70
j)	**502**	500	50	20	200	2
k)	**269**	20	200	60	9	6
l)	**608**	600	80	8	800	6
m)	**975**	90	900	70	5	50

3. Escribe los números que faltan.

a) **8** _____ 10 _____ _____ _____ _____ 15

b) **67** 68 _____ _____ _____ _____ 73 _____

c) **126** _____ _____ 129 _____ _____ _____ _____

d) **452** _____ _____ _____ 456 _____ _____ _____

e) **992** _____ _____ _____ _____ 997 _____ 999

Para comparar dos cantidades debes observar lo siguiente:

Si no tienen el mismo número de cifras, el que tenga más cifras es mayor:

321 > 88

Si tienen el mismo número de cifras, se deben comparar una por una empezando por las centenas. Si son iguales continúa con las decenas y si estas también son iguales, continúa con las unidades:

939 > 938

4. Ordena de menor a mayor los números que contienen los globos.

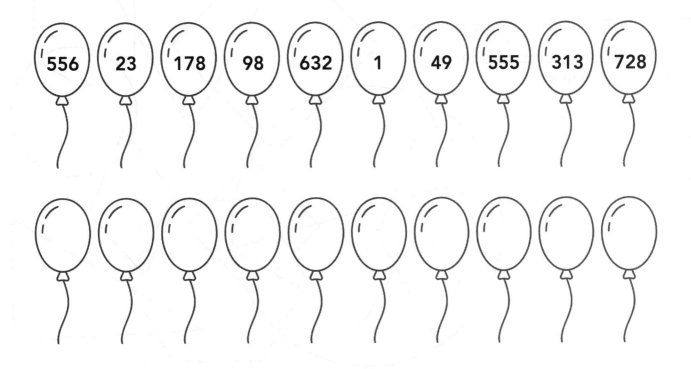

Identificación de figuras geométricas

Aprendizaje esperado. Construye y describe figuras y cuerpos geométricos.

1. Une cada figura con su nombre.

a)

b)

c)

círculo

rectángulo

pentágono

cuadrado

triángulo

rombo

d)

e)

f)

2. Encuentra las figuras y colorea como se indica:

a) De azul el círculo pequeño.

b) De amarillo el triángulo grande.

c) De verde el rombo grande.

d) De gris el cuadrado pequeño.

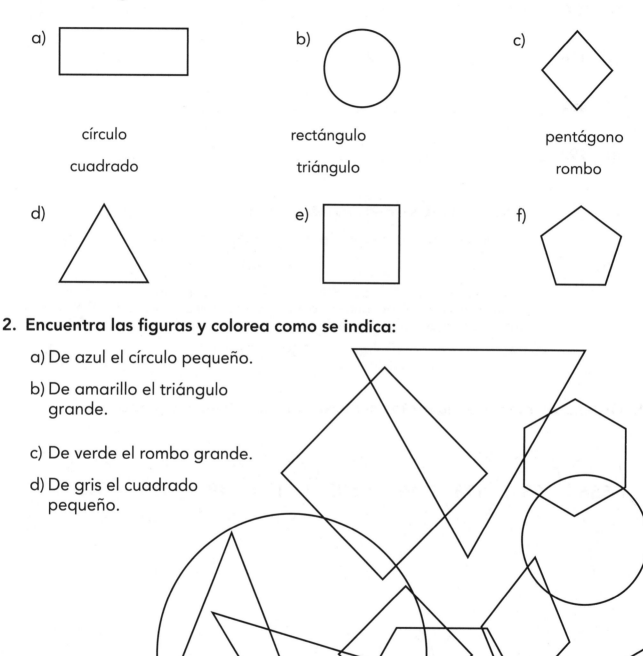

Lados y vértices de figuras geométricas

Aprendizaje esperado. Construye y describe figuras y cuerpos geométricos.

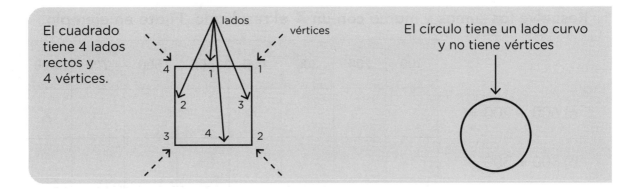

1. **Observa el recuadro y completa los enunciados.**

a) 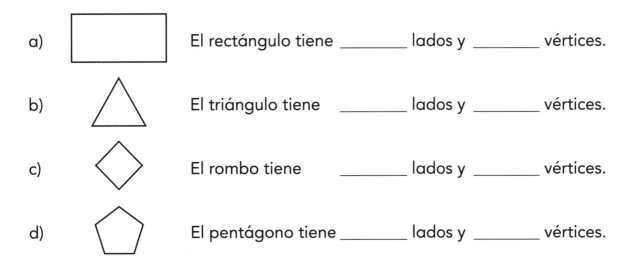 El rectángulo tiene _____ lados y _____ vértices.

b) El triángulo tiene _____ lados y _____ vértices.

c) El rombo tiene _____ lados y _____ vértices.

d) El pentágono tiene _____ lados y _____ vértices.

2. **Colorea de azul las figuras que tienen tres lados y de verde las que tienen cuatro vértices.**

a)   b)   c)

d)   e)   f)

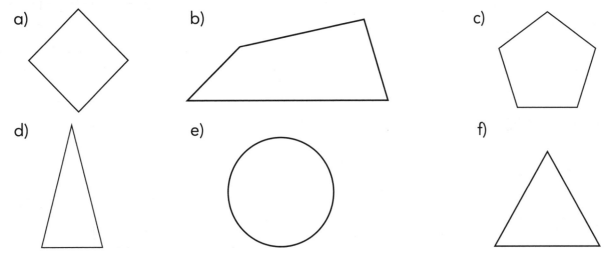

Sumas con números hasta el 999

Aprendizaje esperado. Usa el algoritmo convencional para sumar.

1. Resuelve las sumas y marca con un ✗ el resultado. Fíjate en ejemplo.

	100	200	300	400	500	600	700	800	900
a) 600 + 200 =								✗	
b) 300 + 300 =									
c) 200 + 700 =									
d) 600 + 100 =									
e) 400 + 100 =									
f) 200 + 100 =									
g) 100 + 0 =									
h) 300 + 200 =									
i) 100 + 500 =									
j) 200 + 700 =									
k) 100 + 400 =									
l) 200 + 200 =									
m) 800 + 100 =									
n) 400 + 400 =									
o) 100 + 100 =									

2. Resuelve las siguientes sumas.

a) 100 + 100 = _____

b) 100 + 200 = _____

c) 100 + 300 = _____

d) 100 + 400 = _____

e) 100 + 500 = _____

f) 100 + 600 = _____

g) 100 + 700 = _____

h) 100 + 800 = _____

i) 200 + 300 = _____

j) 500 + 400 = _____

k) 200 + 200 = _____

l) 300 + 300 = _____

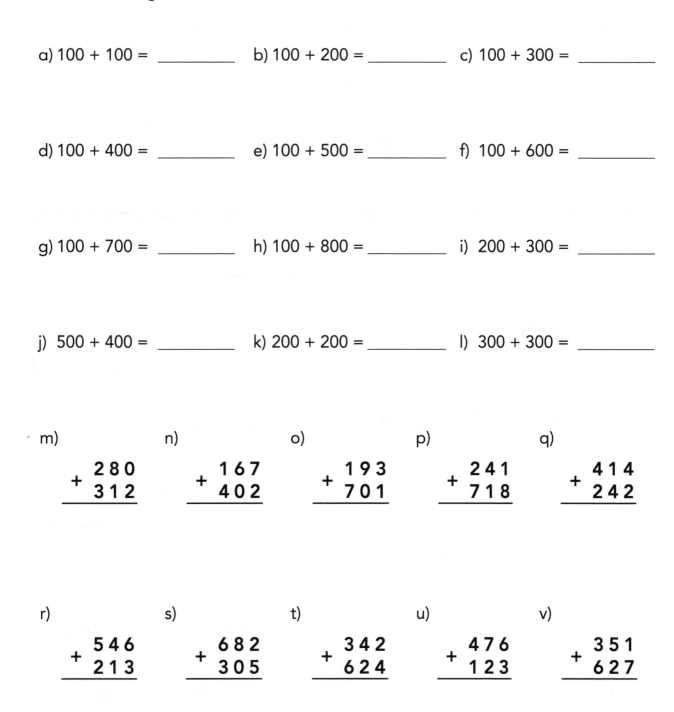

m)
```
  2 8 0
+ 3 1 2
-------
```

n)
```
  1 6 7
+ 4 0 2
-------
```

o)
```
  1 9 3
+ 7 0 1
-------
```

p)
```
  2 4 1
+ 7 1 8
-------
```

q)
```
  4 1 4
+ 2 4 2
-------
```

r)
```
  5 4 6
+ 2 1 3
-------
```

s)
```
  6 8 2
+ 3 0 5
-------
```

t)
```
  3 4 2
+ 6 2 4
-------
```

u)
```
  4 7 6
+ 1 2 3
-------
```

v)
```
  3 5 1
+ 6 2 7
-------
```

Billetes que se utilizan en México

Aprendizaje esperado. Resuelve problemas de suma y resta con números naturales hasta 1 000.

Estos son los billetes que se utilizan en México:

1. **Para saber cuánto costó cada producto, cuenta el dinero que se pagó por ellos.**

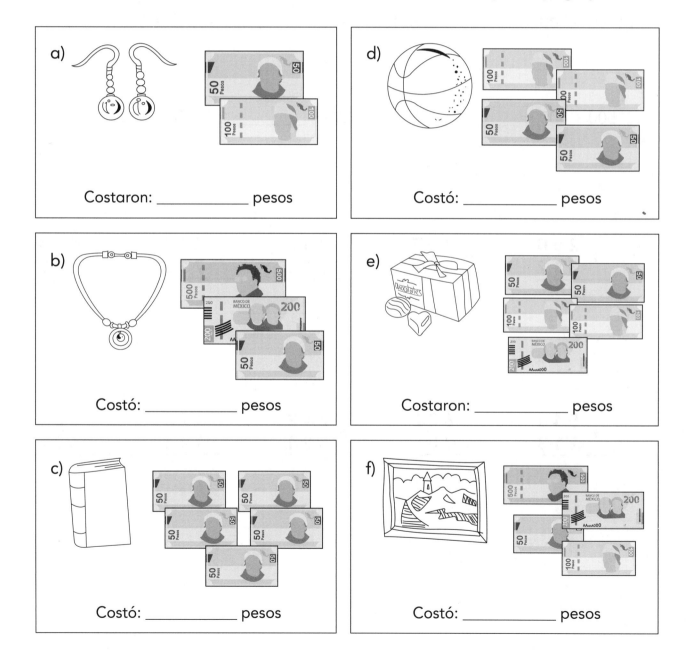

a) Costaron: _____ pesos

b) Costó: _____ pesos

c) Costó: _____ pesos

d) Costó: _____ pesos

e) Costaron: _____ pesos

f) Costó: _____ pesos

2. Observa el costo de cada producto y escribe en la línea qué juguete se compró.

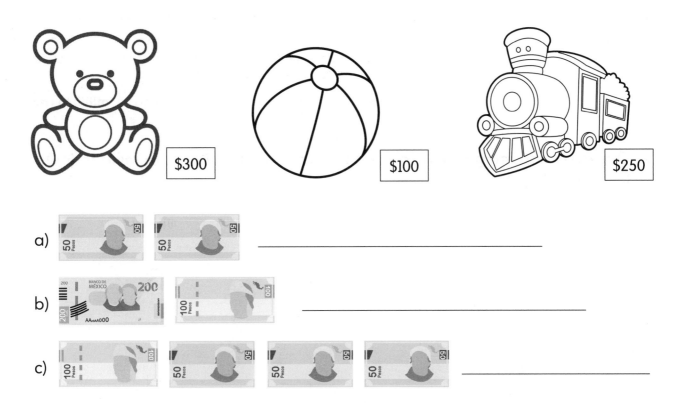

a) _____

b) _____

c) _____

3. Escribe el valor de los billetes que se pueden utilizar para tener la cantidad que aparece. Fíjate en el ejemplo.

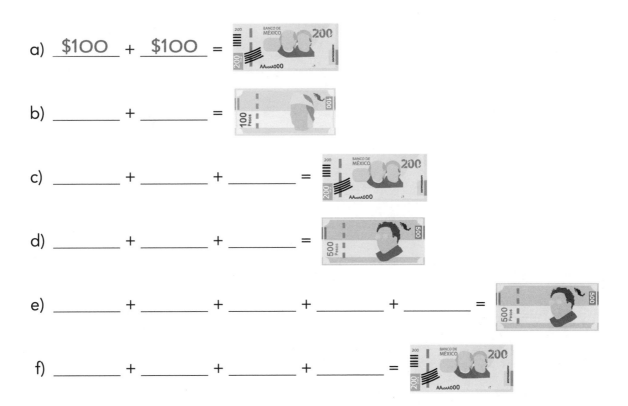

a) $100 + $100 =

b) _____ + _____ =

c) _____ + _____ + _____ =

d) _____ + _____ + _____ =

e) _____ + _____ + _____ + _____ + _____ =

f) _____ + _____ + _____ + _____ =

Medidas de capacidad

Aprendizaje esperado. Estima, mide, compara y ordena capacidades con unidades no convencionales y el litro.

> Para medir la cantidad de líquido que cabe en un recipiente se utiliza como medida el **litro** (ℓ).
>
> Para medir cantidades pequeñas usamos el **mililitro** (**ml**).

1. **Observa cada imagen y señala la medida correcta: litro (ℓ) o mililitro (ml). Fíjate en el ejemplo.**

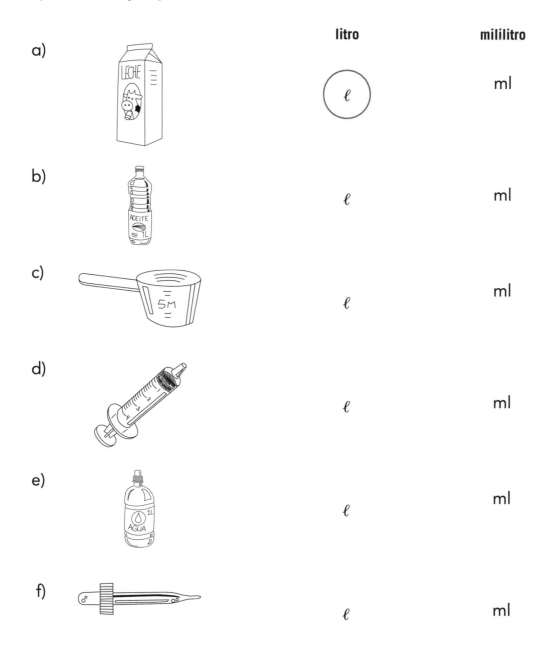

		litro	mililitro
a)		ℓ	ml
b)		ℓ	ml
c)		ℓ	ml
d)		ℓ	ml
e)		ℓ	ml
f)		ℓ	ml

2. Escribe litro (ℓ) o mililitro (ml) según corresponda.

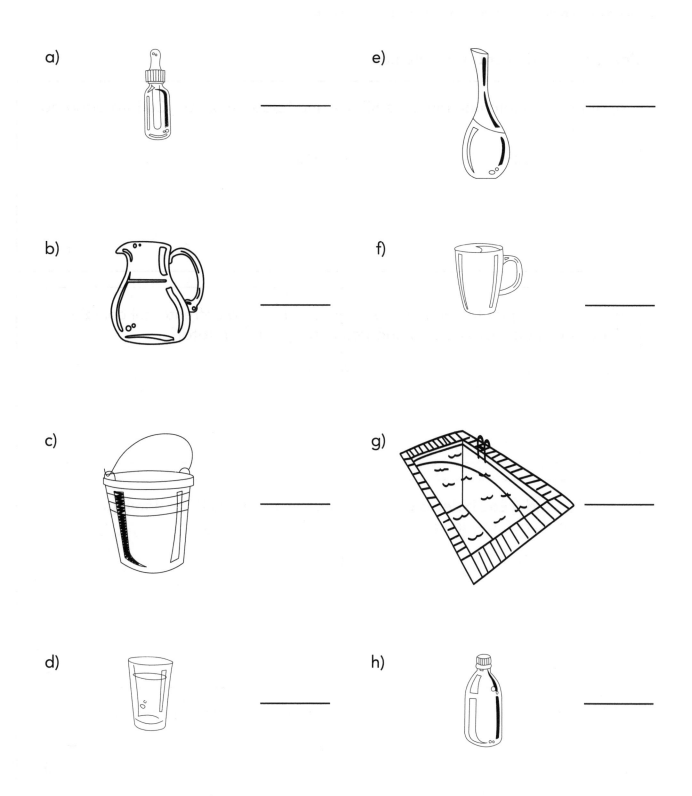

a) _____

b) _____

c) _____

d) _____

e) _____

f) _____

g) _____

h) _____

Resolución de problemas con sumas

Aprendizaje esperado. Usa el algoritmo convencional para sumar.

1. Resuelve los siguientes problemas.

a) Aída se compró una blusa de $247 y una falda de $350. ¿Cuánto pagó por los dos?

Datos   Operación

R: _____ pesos.

b) El jardinero plantó 150 flores en el jardín que está enfrente del colegio y 606 en el que está atrás. ¿Cuántas flores plantó en total?

Datos   Operación

R: _____ flores.

c) Edith vendió 562 boletos para una rifa el sábado y 407 el domingo. ¿Cuántos boletos vendió?

Datos   Operación

R: _____ boletos.

d) Luz ahorró $523 en enero y $365 en febrero. ¿Cuánto dinero ahorró?

Datos   Operación

R: _____ pesos.

Restas de números hasta el 999

Aprendizaje esperado. Resuelve problemas de suma y resta con números naturales hasta 1000.

1. Completa las series restando como en el ejemplo.

a) Restando 100:

900	800								

b) Restando 10:

990	980								

c) Restando 1:

999	998								

2. Realiza las siguientes restas. Fíjate en el ejemplo.

a)

−	900	400	700	600	100	800	300	500	200
100	800								

b)

−	970	360	580	820	250	140	430	710	660
10	960								

c)

−	568	943	287	139	344	865	292	471	636
1	567								

3. **Resuelve las siguientes restas.**

a) 320 − 210 = _____

b) 970 − 550 = _____

c) 273 − 272 = _____

d) 555 − 450 = _____

e) 769 − 257 = _____

f) 239 − 133 = _____

g) 670 − 650 = _____

h) 492 − 111 = _____

i) 934 − 624 = _____

j) 808 − 404 = _____

k) 574 − 222 = _____

l) 676 − 542 = _____

m)
$$\begin{array}{r} 580 \\ -\ 550 \\ \hline \end{array}$$

n)
$$\begin{array}{r} 273 \\ -\ 121 \\ \hline \end{array}$$

o)
$$\begin{array}{r} 999 \\ -\ 807 \\ \hline \end{array}$$

p)
$$\begin{array}{r} 465 \\ -\ 322 \\ \hline \end{array}$$

q)
$$\begin{array}{r} 531 \\ -\ 401 \\ \hline \end{array}$$

r)
$$\begin{array}{r} 478 \\ -\ 275 \\ \hline \end{array}$$

s)
$$\begin{array}{r} 366 \\ -\ 346 \\ \hline \end{array}$$

t)
$$\begin{array}{r} 774 \\ -\ 742 \\ \hline \end{array}$$

u)
$$\begin{array}{r} 639 \\ -\ 126 \\ \hline \end{array}$$

v)
$$\begin{array}{r} 542 \\ -\ 231 \\ \hline \end{array}$$

4. **Resuelve las restas y colorea la imagen de acuerdo con el resultado.**

a) café

$$\begin{array}{r} 679 \\ -\ 179 \\ \hline \end{array}$$

b) amarillo

$$\begin{array}{r} 236 \\ -\ 136 \\ \hline \end{array}$$

c) verde

$$\begin{array}{r} 905 \\ -\ 105 \\ \hline \end{array}$$

d) rosa

$$\begin{array}{r} 878 \\ -\ 678 \\ \hline \end{array}$$

e) azul

$$\begin{array}{r} 937 \\ -\ 337 \\ \hline \end{array}$$

f) rojo

$$\begin{array}{r} 508 \\ -\ 405 \\ \hline \end{array}$$

g) morado

$$\begin{array}{r} 786 \\ -\ 766 \\ \hline \end{array}$$

h) negro

$$\begin{array}{r} 954 \\ -\ 654 \\ \hline \end{array}$$

Cuerpos geométricos

Aprendizaje esperado. Construye y describe figuras y cuerpos geométricos.

1. Une con una línea a cada niño con el regalo que le corresponde. Pon atención en las pistas y escribe sobre la línea a qué cuerpo geométrico se refiere.

a) Fíjate que todas mis caras son cuadradas.

b) Busca, busca sin cesar, que tengo bases circulares en par.

c) Muy equilibrado pues tengo puros triángulos por lados.

d) Por cualquier lado que me veas soy curva.

_____   _____   _____   _____

Medidas de longitud

Aprendizaje esperado. Estima, mide, compara y ordena longitudes con unidades no convencionales y el metro.

Para medir qué tan largo o alto es un objeto o qué distancia hay entre dos puntos, utilizamos las siguientes medidas:

- **centímetro** (**cm**) para medir objetos o distancia pequeñas.
- **metro** (**m**) se usa para medir objetos mayores.
- **kilómetros** (**km**) para medir distancias grandes.

100 **cm** = 1 metro   1000 **m** = 1 kilómetro

1. **Colorea de verde los objetos que se miden en centímetros, con rojo, los que miden metros y con azul, los que miden kilómetros.**

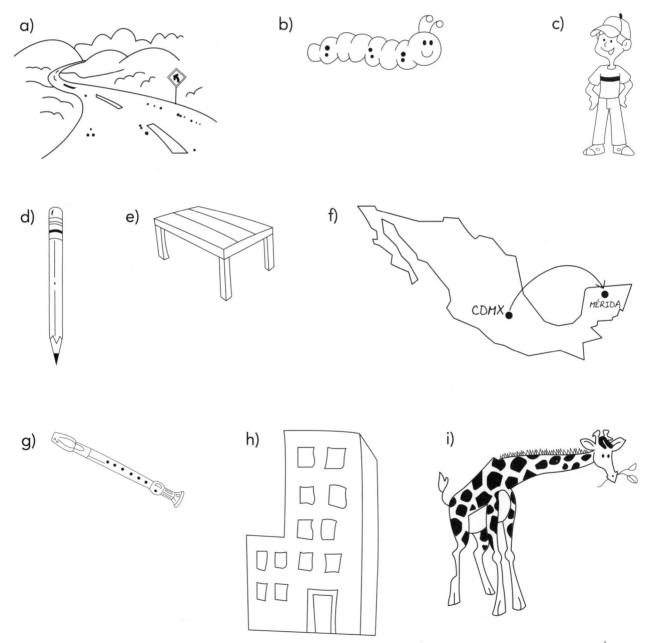

a)
b)
c)
d)
e)
f)
g)
h)
i)

Resolución de problemas con restas

Aprendizaje esperado. Resuelve problemas de suma y resta con números naturales hasta 1000.

1. Resuelve los siguientes problemas.

a) Cristina tenía $986 y se compró una casa de muñecas que costó $574. ¿Cuánto dinero le sobró?

Datos   **Operación**

R: _____ pesos.

b) En un tren iban 837 personas, se bajaron 303. ¿Cuántas personas se quedaron?

Datos   **Operación**

R: _____ personas.

c) Consuelo debe vender 680 boletos para la función de teatro de su salón. Si ya vendió 450, ¿cuántos boletos necesita vender?

Datos   **Operación**

R: _____ boletos.

d) Lili compró un reloj, su precio regular es de $999, pero hoy había una venta especial y sólo pagó $569. ¿Cuánto dinero ahorró?

Datos   **Operación**

R: _____ pesos.

Resolución de problemas con suma y resta

Aprendizaje esperado. Resuelve problemas de suma y resta con números naturales hasta 1000.

1. Resuelve los siguientes problemas.

a) Hoy comienza la feria del pueblo.

- Subieron a los autos chocones 123 mujeres y 145 hombres. ¿Cuántas personas subieron en total? _____

- En la rueda de la fortuna subieron 330 personas en la mañana. Si durante todo el día subieron 670, ¿cuántas personas subieron en la tarde? _____

- ¿Subieron más personas en la mañana o en la tarde? _____

b) Un tren se dirige de los Mochis a Chihuahua.

- Inició el recorrido con 270 pasajeros. Al llegar a la primera parada bajaron 150 personas. ¿Cuántos quedaron en el tren? _____

- En ese mismo punto subieron 569 más. ¿Cuántos pasajeros van ahora en el tren? _____

- Al llegar a la siguiente parada, quedaban 576 pasajeros. ¿Cuántos bajaron? _____

- Si subieron 420 personas más, ¿cuántos llegaron a Chihuahua? _____

Repasemos las tablas de multiplicar

Aprendizaje esperado. Resuelve problemas de multiplicación con números naturales menores que 10.

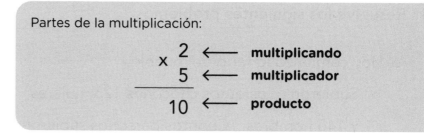

Partes de la multiplicación:

$$\begin{array}{r} \times \quad 2 \\ 5 \\ \hline 10 \end{array}$$

2 ← **multiplicando**
5 ← **multiplicador**
10 ← **producto**

1. **Escribe los resultados de las siguientes multiplicaciones.**

a) 1 × 1 = _____   1 × 9 = _____   1 × 6 = _____   1 × 8 = _____   1 × 5 = _____

1 × 4 = _____   1 × 7 = _____   1 × 3 = _____   1 × 2 = _____   1 × 10 = _____

b) 2 × 5 = _____   2 × 8 = _____   2 × 3 = _____   2 × 7 = _____   2 × 10 = _____

2 × 6 = _____   2 × 4 = _____   2 × 2 = _____   2 × 9 = _____   2 × 1 = _____

c) 3 x 8 = _____   3 x 7 = _____   3 x 3 = _____   3 x 6 = _____   3 x 5 = _____

3 x 4 = _____   3 x 2 = _____   3 x 1 = _____   3 x 9 = _____   3 x 10 = _____

d) 4 × 10 = _____   4 × 9 = _____   4 × 5 = _____   4 × 7 = _____   4 × 8 = _____

4 × 6 = _____   4 × 4 = _____   4 × 3 = _____   4 × 2 = _____   4 × 1 = _____

e) 5 × 1 = _____   5 × 9 = _____   5 × 5 = _____   5 × 8 = _____   5 × 3 = _____

   5 × 10 = _____   5 × 7 = _____   5 × 4 = _____   5 × 2 = _____   5 × 6 = _____

f) 6 × 6 = _____   6 × 8 = _____   6 × 3 = _____   6 × 9 = _____   6 × 5 = _____

   6 × 1 = _____   6 × 10 = _____   6 × 2 = _____   6 × 4 = _____   6 × 7 = _____

g) 7 × 1 = _____   7 × 7 = _____   7 × 3 = _____   7 × 6 = _____   7 × 5 = _____

   7 × 4 = _____   7 × 10 = _____   7 × 2 = _____   7 × 9 = _____   7 × 8 = _____

h) 8 x 8 = _____   8 x 2 = _____   8 x 7 = _____   8 x 4 = _____   8 x 9 = _____

   8 x 6 = _____   8 x 3 = _____   8 x 1 = _____   8 x 5 = _____   8 x 10 = _____

i) 9 × 1 = _____   9 × 7 = _____   9 × 3 = _____   9 × 6 = _____   9 × 10 = _____

   9 × 4 = _____   9 × 2 = _____   9 × 8 = _____   9 × 9 = _____   9 × 5 = _____

j) 10 × 10 = _____   10 × 2 = _____   10 × 9 = _____   10 × 4 = _____   10 × 7 = _____

   10 × 6 = _____   10 × 5 = _____   10 × 8 = _____   10 × 3 = _____   10 × 1 = _____

2. **Resuelve este laberinto. Encierra en un círculo los números por los que pasas y escribe de qué tabla de multiplicar se trata.**

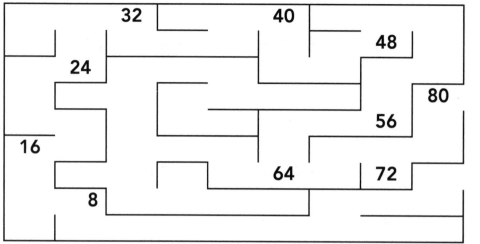

a) ¿Qué tabla es? _____

3. **Resuelve las siguientes multiplicaciones.**

a) 3 × ____ = 24   ____ × 6 = 42   5 × 6 = ____

b) 4 × ____ = 32   ____ × 7 = 49   7 × 8 = ____

c) 1 × ____ = 9   ____ × 9 = 27   5 × 9 = ____

d) 4 × ____ = 28   ____ × 10 = 40   7 × 7 = ____

e) 9 × ____ = 45   ____ × 5 = 10   4 × 3 = ____

f) 7 × ____ = 63   ____ × 3 = 3   6 × 4 = ____

g) 2 × ____ = 8   ____ × 6 = 30   9 × 6 = ____

h) 6 × ____ = 42   ____ × 4 = 32   7 × 3 = ____

i) 3 × ____ = 21   ____ × 9 = 18   5 × 8 = ____

4. Sigue los caminos como se indica.

a) Colorea el camino siguiendo la tabla del 6 para que el auto llegue a su destino. Fíjate en el ejemplo:

	13	28	42	48	54
6	26	30	36	52	60
12	18	24	38	50	

b) Colorea el camino siguiendo la tabla del 7 para que el auto llegue a su destino.

	7	14	19	56	63
6	13	21	23	49	70
8	27	28	35	42	

c) Colorea el camino siguiendo la tabla del 9 para que el auto llegue a su destino.

	16	29	63	72	82
9	18	27	54	81	88
15	17	36	45	90	

Resolución de problemas con multiplicación

Aprendizaje esperado. Resuelve problemas de multiplicación con números naturales menores que 10.

1. Resuelve los siguientes problemas.

a) María quiere comprar 4 regalos para cada una de sus maestras preferidas. ¿Cuántos regalos debe comprar?

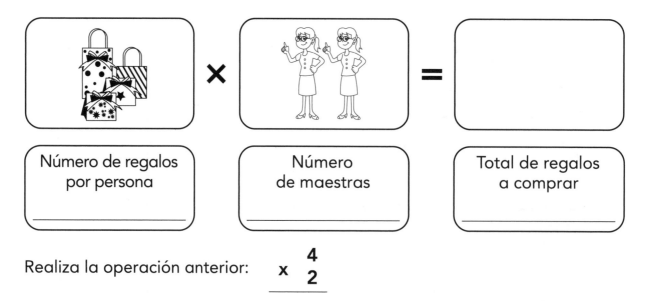

Número de regalos por persona	Número de maestras	Total de regalos a comprar
_____	_____	_____

Realiza la operación anterior:

$$\begin{array}{r} 4 \\ \times\ 2 \\ \hline \end{array}$$

b) Toño quiere comprarle 5 huesos a cada uno de sus 3 perros. ¿Cuántos huesos debe comprar?

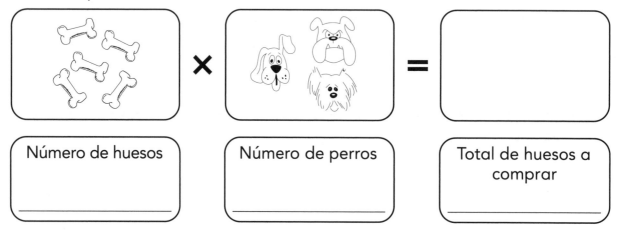

Número de huesos	Número de perros	Total de huesos a comprar
_____	_____	_____

Realiza la operación anterior:

c) Luci quiere comprar 3 jugos a cada uno de sus 4 hermanos. ¿Cuántos jugos debe comprar?

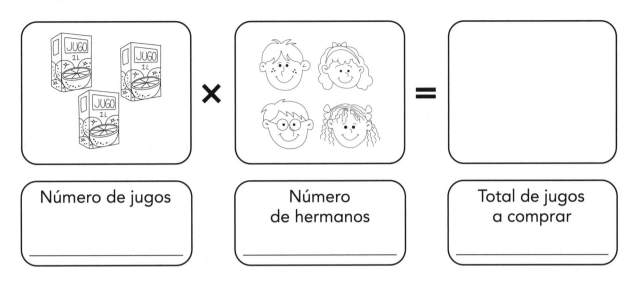

Número de jugos

_____

Número de hermanos

_____

Total de jugos a comprar

_____

Realiza la operación anterior:

d) Pablo va a comprar 8 dulces, cada uno cuesta $7. ¿Cuánto debe pagar?

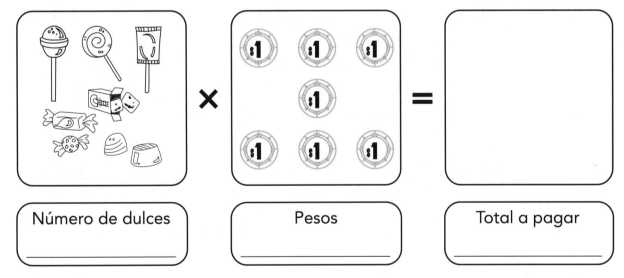

Número de dulces

_____

Pesos

_____

Total a pagar

_____

Realiza la operación anterior:

Repaso

1. Escribe en cada columna la información que falta. Guíate con el ejemplo.

a) **389**	Trescientos ochenta y nueve	3 centenas, 8 decenas y 9 unidades
b) **467**		
c)	Novecientos cuarenta	
d)		1 centena, 2 decenas y 6 unidades
e) **818**		
f)	Doscientos cinco	
g)		5 centenas, 5 decenas y 0 unidades
h) **601**		

2. Resuelve las siguientes operaciones. Después, encierra en un círculo de color azul el resultado mayor de cada fila y de rojo el menor.

a)
$$+\begin{array}{r} 419 \\ 500 \\ \hline \end{array}$$

b)
$$-\begin{array}{r} 986 \\ 346 \\ \hline \end{array}$$

c)
$$\times\begin{array}{r} 8 \\ 8 \\ \hline \end{array}$$

d)
$$-\begin{array}{r} 946 \\ 834 \\ \hline \end{array}$$

e)
$$\times\begin{array}{r} 7 \\ 6 \\ \hline \end{array}$$

f)
$$+\begin{array}{r} 738 \\ 201 \\ \hline \end{array}$$

g)
$$\times\begin{array}{r} 9 \\ 4 \\ \hline \end{array}$$

h)
$$+\begin{array}{r} 624 \\ 164 \\ \hline \end{array}$$

i)
$$-\begin{array}{r} 544 \\ 332 \\ \hline \end{array}$$

3. **Lee cada pregunta y subraya la respuesta correcta.**

a) ¿Cuál de los siguientes recipientes tiene mayor capacidad?

• una cubeta   • una alberca   • una jarra

b) ¿Cuál de los siguientes objetos es más corto?

• un lápiz   • un cinturón   • una mesa

c) Gerardo compró 999 metros de cuerda, utilizó 350 metros el lunes y 429 el martes. ¿Cuántos metros utilizó en total?

• 649 m   • 570 m   • 779 m

d) El resultado de la suma 7 + 7 + 7 + 7 es lo mismo que….

• 7×4 • 7 + 4   • 14 + 7

4. **Observa los siguientes dibujos y subraya la respuesta correcta.**

a) ¿Cuántos prismas hay?

• 8 prismas   • 4 prismas   • 5 prismas

b) ¿Cuántos cubos hay?

• 8 cubos   • 4 cubos   • 5 cubos

c) ¿Cuánto dinero hay?

• $200   • $400   • $300

Antecesor y sucesor de números hasta el 1000

Aprendizaje esperado. Lee, escribe y ordena números naturales hasta 1000.

1. Escribe el sucesor de cada número. Fíjate en el ejemplo.

a) 699 ⟶ 700

b) 788 _____

c) 200 _____

d) 590 _____

e) 159 _____

f) 299 _____

g) 950 _____

h) 310 _____

i) 699 _____

j) 109 _____

k) 470 _____

l) 899 _____

2. Escribe el antecesor de cada número. Fíjate en el ejemplo.

a) 600 ⟵ 601

b) _____ 543

c) _____ 387

d) _____ 400

e) _____ 865

f) _____ 750

g) _____ 231

h) _____ 1000

i) _____ 670

j) _____ 100

k) _____ 541

l) _____ 200

Mayor que >, menor que < o igual =

Aprendizaje esperado. Lee, escribe y ordena números naturales hasta 1000.

1. Escribe los signos > (mayor que), < (menor que) o = (igual), según corresponda. Fíjate en el ejemplo.

a) 696   **>**   695   g) 950 _____ 969

b) 708 _____ 108   h) 100 _____ 100

c) 400 _____ 600   i) 329 _____ 319

d) 550 _____ 460   j) 808 _____ 880

e) 592 _____ 592   k) 470 _____ 777

f) 297 _____ 299   l) 999 _____ 999

2. Escribe el número que corresponda de acuerdo con el signo. Fíjate en el ejemplo.

a) 960   **>**   900   g) 476   **>** _____

b) 569   **=** _____   h) 1000   **=** _____

c) 707   **<** _____   i) 158   **<** _____

d) 678   **>** _____   j) 808   **>** _____

e) 291   **=** _____   k) 333   **=** _____

f) 930   **<** _____   l) 960   **<** _____

Sumas con transformación

Aprendizaje esperado. Usa el algoritmo convencional para sumar.

Al sumar cantidades debes iniciar por las unidades. Si el resultado es mayor a 9, tienes que escribir únicamente el valor de las unidades mientras que el valor de la decena lo sumas en la columna de las decenas. Repite el procedimiento en cada columna en la que el resultado sea mayor a 9. Observa:

$$
\begin{array}{r} {}^{1}\ \\ 28 \\ +\ \ 4 \\ \hline \cancel{1}2 \end{array}
\qquad
\begin{array}{r} {}^{1}\ \\ 28 \\ +\ \ 4 \\ \hline 32 \end{array}
\qquad
\begin{array}{r} {}^{1}\ \\ 582 \\ +\ \ 55 \\ \hline \cancel{1}37 \end{array}
\qquad
\begin{array}{r} {}^{1}\ \\ 582 \\ +\ \ 55 \\ \hline 637 \end{array}
\qquad
\begin{array}{r} {}^{1}\ \\ 587 \\ +\ \ 55 \\ \hline \cancel{1}2 \end{array}
\qquad
\begin{array}{r} {}^{11}\ \\ 587 \\ +\ \ 55 \\ \hline \cancel{1}42 \end{array}
\qquad
\begin{array}{r} {}^{11}\ \\ 587 \\ +\ \ 55 \\ \hline 642 \end{array}
$$

1. Resuelve las siguientes sumas.

a)
$$\begin{array}{r} 164 \\ +\ \ 29 \\ \hline \end{array}$$

b)
$$\begin{array}{r} 538 \\ +\ 222 \\ \hline \end{array}$$

c)
$$\begin{array}{r} 746 \\ +\ 137 \\ \hline \end{array}$$

d)
$$\begin{array}{r} 427 \\ +\ 237 \\ \hline \end{array}$$

e)
$$\begin{array}{r} 649 \\ +\ 212 \\ \hline \end{array}$$

f)
$$\begin{array}{r} 847 \\ +\ \ 39 \\ \hline \end{array}$$

g)
$$\begin{array}{r} 606 \\ +\ 114 \\ \hline \end{array}$$

h)
$$\begin{array}{r} 533 \\ +\ 127 \\ \hline \end{array}$$

i)
$$\begin{array}{r} 666 \\ +\ 225 \\ \hline \end{array}$$

j)
$$\begin{array}{r} 228 \\ +\ 523 \\ \hline \end{array}$$

k)
$$\begin{array}{r} 705 \\ +\ 205 \\ \hline \end{array}$$

l)
$$\begin{array}{r} 914 \\ +\ \ 66 \\ \hline \end{array}$$

m)
$$\begin{array}{r} 692 \\ +\ 188 \\ \hline \end{array}$$

n)
$$\begin{array}{r} 533 \\ +\ 248 \\ \hline \end{array}$$

o)
$$\begin{array}{r} 286 \\ +\ 606 \\ \hline \end{array}$$

Número, álgebra y variación

2. Resuelve las sumas y colorea el robot de acuerdo con los resultados.

a) azul

$+\begin{array}{r} 356 \\ 273 \end{array}$

b) café

$+\begin{array}{r} 788 \\ 102 \end{array}$

c) morado

$+\begin{array}{r} 424 \\ 361 \end{array}$

d) naranja

$+\begin{array}{r} 293 \\ 208 \end{array}$

e) rosa

$+\begin{array}{r} 176 \\ 590 \end{array}$

f) verde

$+\begin{array}{r} 135 \\ 325 \end{array}$

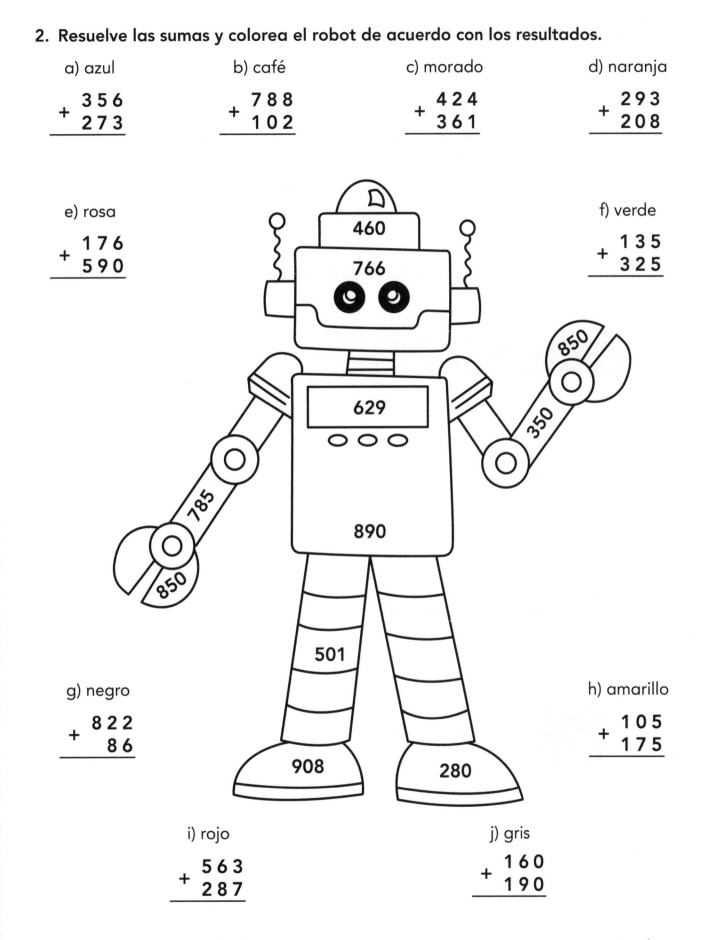

g) negro

$+\begin{array}{r} 822 \\ 86 \end{array}$

h) amarillo

$+\begin{array}{r} 105 \\ 175 \end{array}$

i) rojo

$+\begin{array}{r} 563 \\ 287 \end{array}$

j) gris

$+\begin{array}{r} 160 \\ 190 \end{array}$

Utilicemos la regla para medir

Aprendizaje esperado. Estima, mide, compara y ordena longitudes.

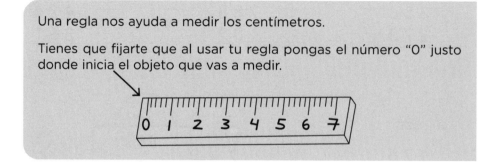

Una regla nos ayuda a medir los centímetros.

Tienes que fijarte que al usar tu regla pongas el número "0" justo donde inicia el objeto que vas a medir.

1. Con ayuda de tu regla, mide el largo de los siguientes objetos.

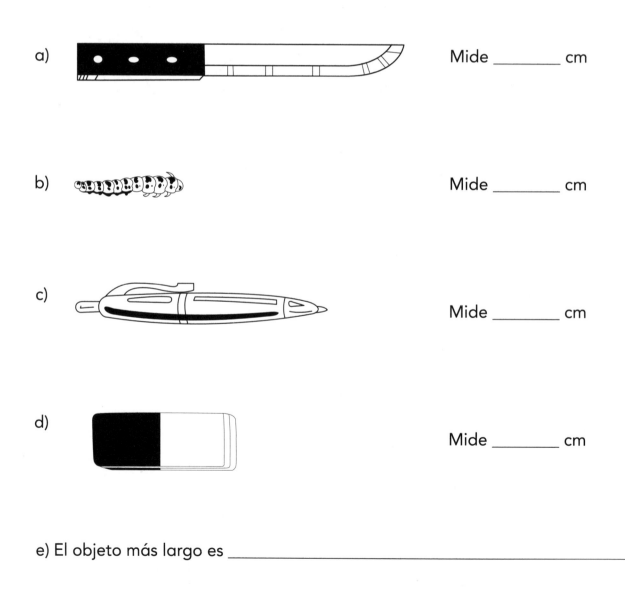

a) Mide _____ cm

b) Mide _____ cm

c) Mide _____ cm

d) Mide _____ cm

e) El objeto más largo es _____

2. Con ayuda de tu regla mide el largo de las siguientes líneas.

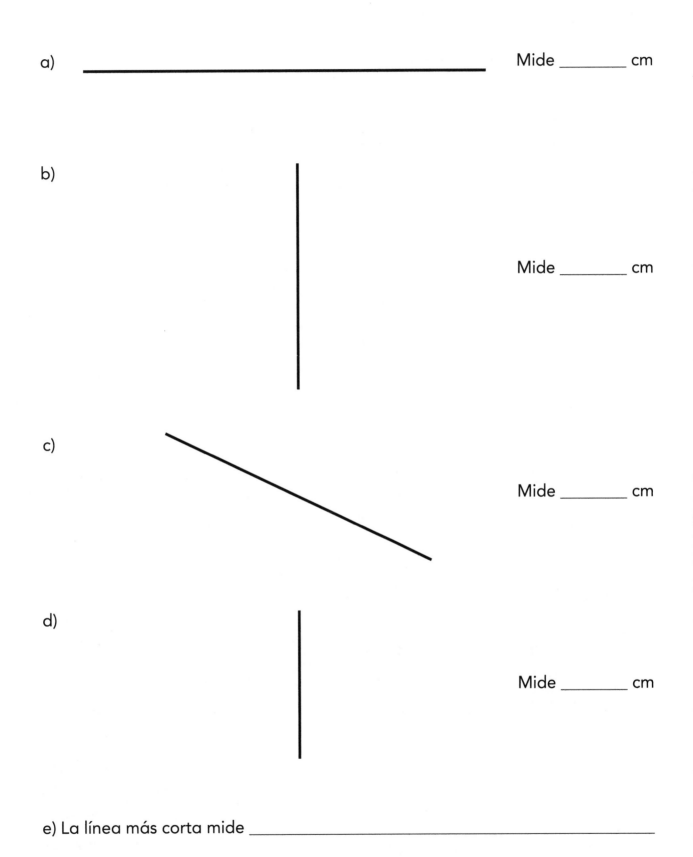

a) _____ Mide _____ cm

b) Mide _____ cm

c) Mide _____ cm

d) Mide _____ cm

e) La línea más corta mide _____

Sumas con tres sumandos

Aprendizaje esperado. Usa el algoritmo convencional para sumar.

1. Resuelve las siguientes sumas.

a)
```
    2 7 1
  + 2 8 8
    1 1 1
  _____
```

b)
```
    3 0 3
  +   5 9
    1 8 7
  _____
```

c)
```
    1 9 4
  + 2 5 5
    4 4 4
  _____
```

d)
```
    4 2 6
  + 2 9 1
      5 2
  _____
```

e)
```
    2 6 3
  + 2 0 8
    3 6 9
  _____
```

f)
```
    4 1 5
  + 2 9 3
      7 0
  _____
```

g)
```
    1 7 3
  + 3 0 7
    2 4 6
  _____
```

h)
```
    5 5 5
  + 1 3 9
      5 5
  _____
```

i)
```
    3 3 8
  + 1 8 1
    4 0 1
  _____
```

j)
```
    2 3 9
  + 2 0 1
    2 6 0
  _____
```

k)
```
    1 3 9
  + 1 5 4
      8 8
  _____
```

l)
```
    2 0 3
  + 2 4 9
      7 4
  _____
```

Cálculo mental

Aprendizaje esperado. Resuelve problemas de suma y resta con números naturales hasta 1000.

1. Acompaña a Pepe en su recorrido resolviendo las sumas que están en el camino. Hay unas pistas para que sepas si vas bien o debes regresar. Toma el tiempo que empleaste y anótalo abajo.

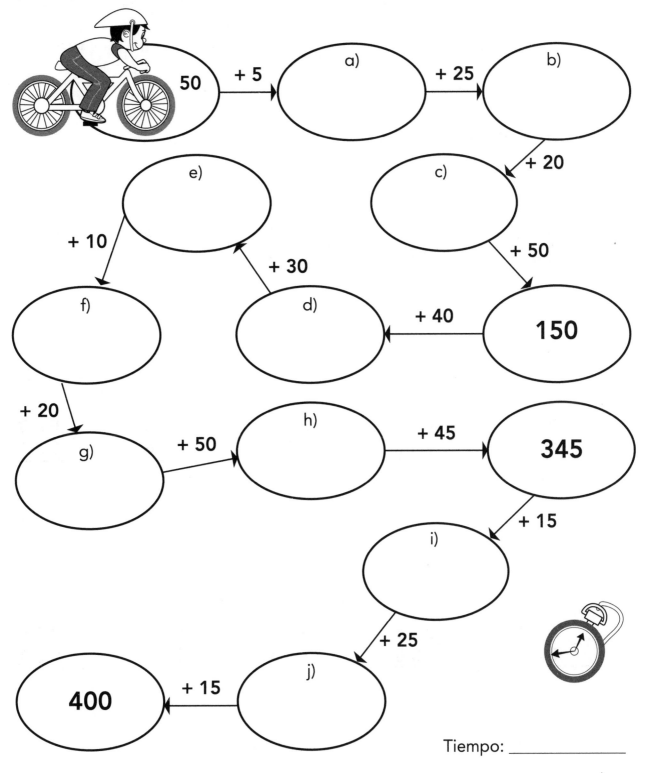

Tiempo: _____

Restas con transformación

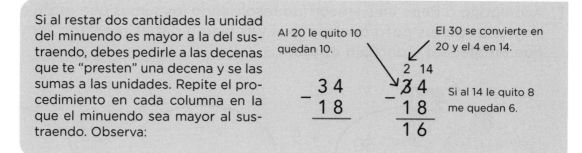

Si al restar dos cantidades la unidad del minuendo es mayor a la del sustraendo, debes pedirle a las decenas que te "presten" una decena y se las sumas a las unidades. Repite el procedimiento en cada columna en la que el minuendo sea mayor al sustraendo. Observa:

Al 20 le quito 10 quedan 10.

El 30 se convierte en 20 y el 4 en 14.

$$\begin{array}{r} 2\ 14 \\ \cancel{3}\,4 \\ -\ 1\ 8 \\ \hline 1\ 6 \end{array}$$

Si al 14 le quito 8 me quedan 6.

$$\begin{array}{r} 3\ 4 \\ -\ 1\ 8 \\ \hline \end{array}$$

1. Resuelve las siguientes restas.

a)
$$\begin{array}{r} 5\ 4\ 8 \\ -\ 4\ 2\ 9 \\ \hline \end{array}$$

b)
$$\begin{array}{r} 7\ 5\ 3 \\ -\ 3\ 1\ 4 \\ \hline \end{array}$$

c)
$$\begin{array}{r} 9\ 5\ 8 \\ -\ 4\ 1\ 9 \\ \hline \end{array}$$

d)
$$\begin{array}{r} 3\ 6\ 4 \\ -\ 1\ 3\ 6 \\ \hline \end{array}$$

e)
$$\begin{array}{r} 6\ 4\ 6 \\ -\ 3\ 1\ 5 \\ \hline \end{array}$$

f)
$$\begin{array}{r} 2\ 3\ 2 \\ -\ 1\ 0\ 5 \\ \hline \end{array}$$

g)
$$\begin{array}{r} 4\ 8\ 4 \\ -\ 2\ 4\ 6 \\ \hline \end{array}$$

h)
$$\begin{array}{r} 3\ 7\ 8 \\ -\ 2\ 3\ 9 \\ \hline \end{array}$$

i)
$$\begin{array}{r} 9\ 5\ 5 \\ -\ 7\ 2\ 6 \\ \hline \end{array}$$

j)
$$\begin{array}{r} 5\ 6\ 3 \\ -\ 2\ 4\ 7 \\ \hline \end{array}$$

k)
$$\begin{array}{r} 6\ 7\ 4 \\ -\ 2\ 3\ 9 \\ \hline \end{array}$$

l)
$$\begin{array}{r} 8\ 6\ 6 \\ -\ 4\ 3\ 8 \\ \hline \end{array}$$

m)
$$\begin{array}{r} 5\ 2\ 7 \\ -\ 1\ 0\ 8 \\ \hline \end{array}$$

n)
$$\begin{array}{r} 4\ 6\ 6 \\ -\ 2\ 4\ 7 \\ \hline \end{array}$$

o)
$$\begin{array}{r} 7\ 5\ 4 \\ -\ 5\ 2\ 8 \\ \hline \end{array}$$

2. Resuelve las restas y después coloca el signo >, < o = según corresponda.
Fíjate en el ejemplo.

$$
\begin{array}{r} 948 \\ -\ 739 \\ \hline 209 \end{array}
\quad = \quad
\begin{array}{r} 832 \\ -\ 623 \\ \hline 209 \end{array}
$$

a)
$$
\begin{array}{r} 780 \\ -\ 321 \\ \hline \end{array}
\quad \bigcirc \quad
\begin{array}{r} 642 \\ -\ 460 \\ \hline \end{array}
$$

e)
$$
\begin{array}{r} 187 \\ -\ 179 \\ \hline \end{array}
\quad \bigcirc \quad
\begin{array}{r} 951 \\ -\ 943 \\ \hline \end{array}
$$

b)
$$
\begin{array}{r} 597 \\ -\ 386 \\ \hline \end{array}
\quad \bigcirc \quad
\begin{array}{r} 939 \\ -\ 429 \\ \hline \end{array}
$$

f)
$$
\begin{array}{r} 965 \\ -\ 628 \\ \hline \end{array}
\quad \bigcirc \quad
\begin{array}{r} 936 \\ -\ 189 \\ \hline \end{array}
$$

c)
$$
\begin{array}{r} 454 \\ -\ 370 \\ \hline \end{array}
\quad \bigcirc \quad
\begin{array}{r} 831 \\ -\ 763 \\ \hline \end{array}
$$

g)
$$
\begin{array}{r} 872 \\ -\ 464 \\ \hline \end{array}
\quad \bigcirc \quad
\begin{array}{r} 369 \\ -\ 158 \\ \hline \end{array}
$$

d)
$$
\begin{array}{r} 308 \\ -\ 168 \\ \hline \end{array}
\quad \bigcirc \quad
\begin{array}{r} 649 \\ -\ 395 \\ \hline \end{array}
$$

h)
$$
\begin{array}{r} 842 \\ -\ 578 \\ \hline \end{array}
\quad \bigcirc \quad
\begin{array}{r} 670 \\ -\ 406 \\ \hline \end{array}
$$

Resolución de problemas con suma y resta

Aprendizaje esperado. Resuelve problemas de suma y resta con números naturales hasta 1000.

1. Observa la imagen y contesta.

a) Rodolfo compró un pastel de chocolate, una gelatina y una tarta de manzana. ¿Cuánto dinero pagó?

Datos   **Operación**

R: _____

b) Rosana quiere comprar un pastel de chocolate. Si tiene $380, ¿cuánto dinero le falta?

Datos   **Operación**

R: _____

c) Miguel compró un pay de limón y un pastel de fresa. Si dio $800, ¿cuánto dinero le dieron de cambio?

Datos   **Operación**

R: _____

d) Susana quiere comprar un pastel de chocolate y una gelatina, pagó $900. ¿Cuánto dinero le sobró?

Datos   **Operación**

R: _____

e) ¿Cuánto dinero necesita Malena si quiere comprar dos tartas y un pay?

Datos   **Operación**

R: _____

f) Alejandro quiere comprar una gelatina y una tarta, ¿cuánto dinero le falta si sólo tiene $200?

Datos   **Operación**

R: _____

2. Diana tiene [billetes] pesos, ¿con ese dinero que productos podría comprar?

_____

_____

3. Diego debe llevar dos postres a una fiesta, si tiene [billete] pesos ¿cuáles puede comprar?

_____

_____

Lectura del reloj

Aprendizaje esperado. Compara y ordena la duración de diferentes sucesos usando la hora, media hora, cuarto de hora y los minutos; lee relojes de manecillas y digitales.

El reloj es un instrumento que utilizamos para medir el tiempo. Los números corresponden a las horas. Tiene dos manecillas, una corta que se llama **horario** y señala la hora, y una larga, que se llama **minutero** y nos indica los minutos. Cuando el minutero está en el número 12 se dice que es la hora en punto.

3:00
Son las tres en punto

1. Escribe la hora que marca cada reloj. Primero con números y abajo con letras, fíjate en el ejemplo.

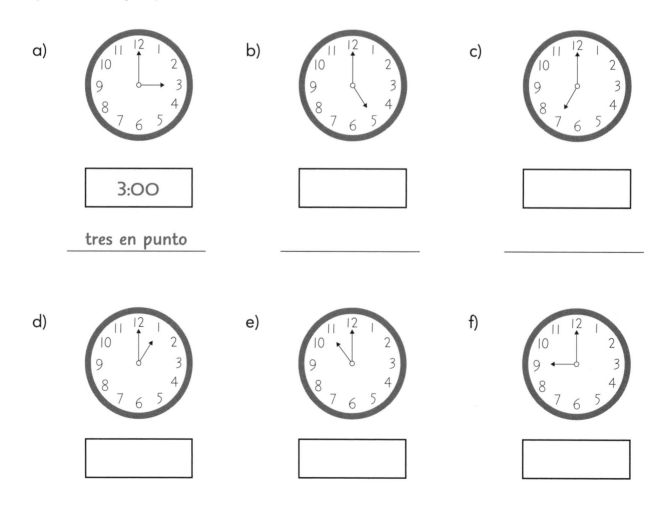

a)

3:00

tres en punto

b)

c)

d)

e)

f)

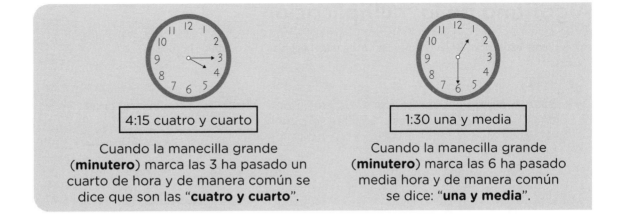

4:15 cuatro y cuarto

Cuando la manecilla grande (**minutero**) marca las 3 ha pasado un cuarto de hora y de manera común se dice que son las "**cuatro y cuarto**".

1:30 una y media

Cuando la manecilla grande (**minutero**) marca las 6 ha pasado media hora y de manera común se dice: "**una y media**".

2. **Marca en el reloj la hora indicada.**

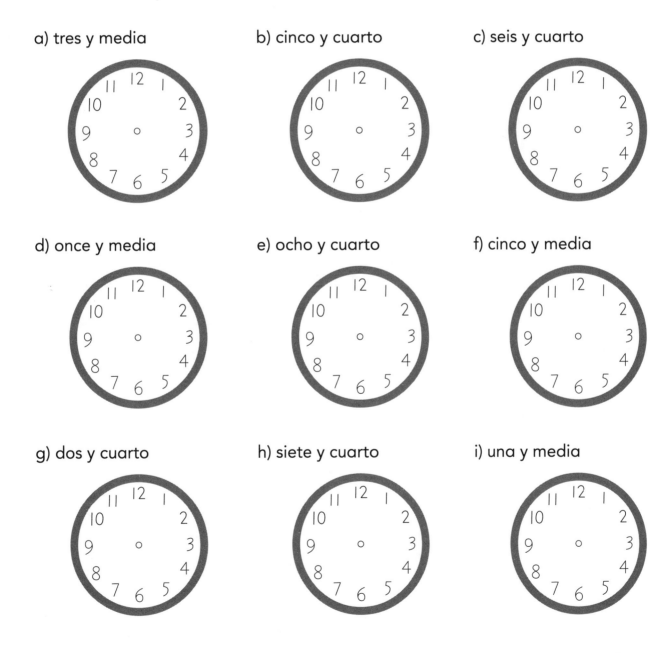

a) tres y media

b) cinco y cuarto

c) seis y cuarto

d) once y media

e) ocho y cuarto

f) cinco y media

g) dos y cuarto

h) siete y cuarto

i) una y media

Algoritmo de la multiplicación

Aprendizaje esperado. Resuelve problemas de multiplicación con números naturales.

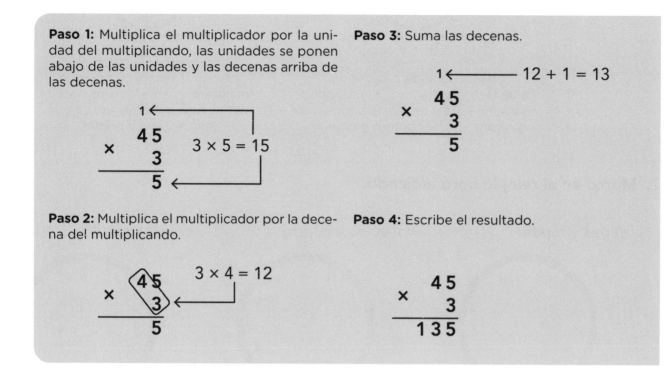

Paso 1: Multiplica el multiplicador por la unidad del multiplicando, las unidades se ponen abajo de las unidades y las decenas arriba de las decenas.

$$3 \times 5 = 15$$

Paso 2: Multiplica el multiplicador por la decena del multiplicando.

$$3 \times 4 = 12$$

Paso 3: Suma las decenas.

$$12 + 1 = 13$$

Paso 4: Escribe el resultado.

1. Resuelve las siguientes multiplicaciones.

a)
$$\begin{array}{r} 4\,6 \\ \times \quad 5 \\ \hline \end{array}$$

b)
$$\begin{array}{r} 6\,2 \\ \times \quad 3 \\ \hline \end{array}$$

c)
$$\begin{array}{r} 3\,9 \\ \times \quad 4 \\ \hline \end{array}$$

d)
$$\begin{array}{r} 5\,4 \\ \times \quad 9 \\ \hline \end{array}$$

e)
$$\begin{array}{r} 8\,5 \\ \times \quad 2 \\ \hline \end{array}$$

f)
$$\begin{array}{r} 5\,5 \\ \times \quad 4 \\ \hline \end{array}$$

g)
$$\begin{array}{r} 3\,7 \\ \times \quad 6 \\ \hline \end{array}$$

h)
$$\begin{array}{r} 8\,2 \\ \times \quad 3 \\ \hline \end{array}$$

i)
$$\begin{array}{r} 7\,3 \\ \times \quad 2 \\ \hline \end{array}$$

j)
$$\begin{array}{r} 6\,0 \\ \times \quad 6 \\ \hline \end{array}$$

2. Resuelve las multiplicaciones y colorea la imagen de acuerdo con los resultados.

a) azul marino

$$\begin{array}{r} 4\,1 \\ \times\quad 8 \\ \hline \end{array}$$

b) gris

$$\begin{array}{r} 6\,8 \\ \times\quad 3 \\ \hline \end{array}$$

c) morado

$$\begin{array}{r} 7\,5 \\ \times\quad 6 \\ \hline \end{array}$$

d) naranja

$$\begin{array}{r} 9\,2 \\ \times\quad 7 \\ \hline \end{array}$$

e) rosa

$$\begin{array}{r} 1\,6 \\ \times\quad 4 \\ \hline \end{array}$$

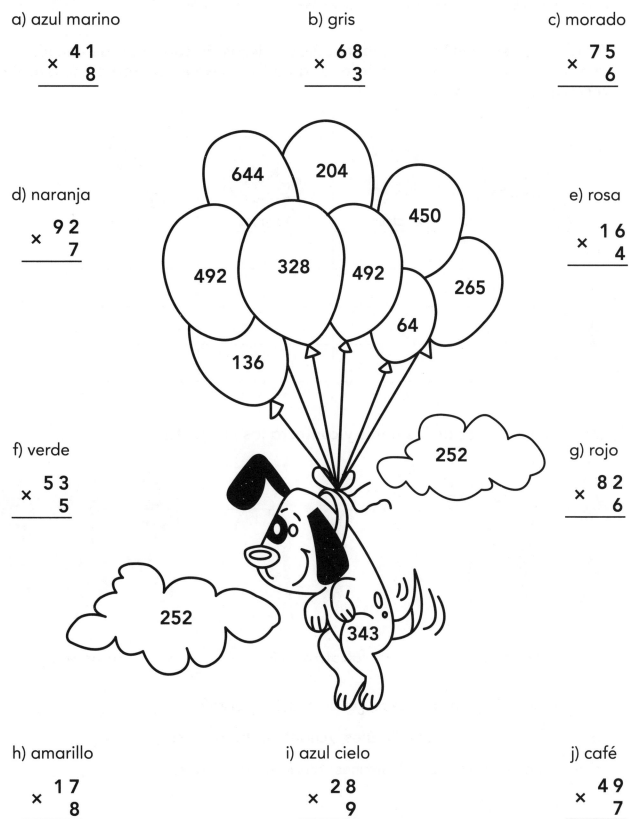

f) verde

$$\begin{array}{r} 5\,3 \\ \times\quad 5 \\ \hline \end{array}$$

g) rojo

$$\begin{array}{r} 8\,2 \\ \times\quad 6 \\ \hline \end{array}$$

h) amarillo

$$\begin{array}{r} 1\,7 \\ \times\quad 8 \\ \hline \end{array}$$

i) azul cielo

$$\begin{array}{r} 2\,8 \\ \times\quad 9 \\ \hline \end{array}$$

j) café

$$\begin{array}{r} 4\,9 \\ \times\quad 7 \\ \hline \end{array}$$

Resolución de problemas con multiplicación

Aprendizaje esperado. Resuelve problemas de multiplicación con números naturales.

1. Ayuda al dueño del local a saber cuántas piezas de cada tipo de comida compraron sus clientes. Completa la tabla tomando en cuenta el número de recipientes que vendió.

	Recipientes vendidos	24 tacos	13 tortas	47 conos
a)	9			
b)	4			
c)	7			
d)	2			

2. Observa los costos de las flores y contesta las preguntas.

tulipán $80   alcatraz $72   rosas $46

a) Si compro 5 ramos de rosas, ¿cuánto debo pagar? _____

b) Si compro 6 ramos de tulipanes, ¿cuánto debo pagar? _____

c) Si compro 3 ramos de alcatraces, ¿cuánto debo pagar? _____

Registra datos en una tabla

Aprendizaje esperado. Recolecta datos y hace registros personales.

1. **Lee con atención. En las competencias deportivas de la escuela, los grupos de primaria tuvieron los siguientes resultados.**

MEDALLAS				
Grupo	Oro	Plata	Bronce	Total
1°	7			21
2°	10		6	23
3°	8	2	7	17
4°	2	8		12
5°	6	2		18
6°	3	4	8	15

2. **Escribe en la tabla los resultados que faltan tomando en cuenta los siguientes datos:**

   a) El grupo de primero ganó el mismo número de medallas de oro, plata y bronce.

   b) El grupo de segundo ganó el mismo número de medallas de plata que el grupo de primero.

   c) El grupo de cuarto ganó cinco medallas de bronce menos que el grupo de tercero.

   d) El grupo de quinto ganó dos medallas de bronce más que el grupo de sexto.

3. **Escribe sobre la línea una *F* si el enunciado es falso y una *V* si es verdadero.**

   a) El grupo de 1° ganó la competencia, pues tuvo más medallas de oro. _____

   b) El grupo de 5° ganó más medallas de bronce. _____

   c) El grupo de 3° ganó tantas medallas de oro como el grupo de 4° año ganó de plata. _____

Formemos un castillo con figuras geométricas

Aprendizaje esperado. Construye y describe figuras y cuerpos geométricos.

1. Copia el castillo en la parte de la derecha. Cuenta los cuadros para que te quede igual y después coloréalo.

Medición del tiempo: calendario mensual y días de la semana

Aprendizaje esperado. Estima, compara y ordena eventos usando unidades convencionales de tiempo: día, semana, mes y año.

1. Observa el siguiente calendario mensual.

		Abril				
L	**M**	**M**	**J**	**V**	**S**	**D**
		1	2	3	4	5
6	7	8	9	10	11	12
13	14	15	16	17	18	19
20	21	22	23	24	25	26
27	28	29	30			

2. Escribe sobre la línea una *F* si el enunciado es falso y una *V* si es verdadero.

a) El mes de abril inicia el viernes. _____

b) Cada semana tiene seis días. _____

c) Después del lunes sigue el martes. _____

d) Antes del domingo está el sábado. _____

e) Este mes tiene cinco jueves. _____

3. Responde las preguntas.

a) Si un niño toma clase de natación cada lunes, ¿cuántas clases tomó

en el mes? _____

b) ¿Qué día de la semana es el 30 de abril, (Día del Niño)? _____

c) Los sábados y domingos no hay clases. ¿Cuántos días del mes de abril no hubo clases?

_____

Repaso

1. Escribe el antecesor y sucesor de cada número.

	Antecesor		Sucesor
a)	_____	**499**	_____
b)	_____	**367**	_____
c)	_____	**850**	_____
d)	_____	**201**	_____
e)	_____	**900**	_____

2. Con ayuda de tu regla, mide los siguientes rectángulos.

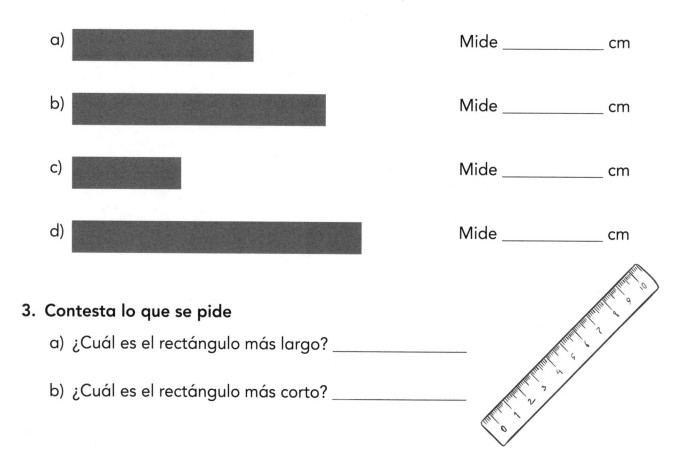

a)   Mide _____ cm

b)   Mide _____ cm

c)   Mide _____ cm

d)   Mide _____ cm

3. Contesta lo que se pide

a) ¿Cuál es el rectángulo más largo? _____

b) ¿Cuál es el rectángulo más corto? _____

4. Observa el dibujo y contesta.

Vacaciones en Acapulco

a) Salieron en el mes de: _____ el cual tiene _____ días.

b) Salieron de su casa a las: _____

c) Regresarán el siguiente mes que es: _____

d) El peso de la maleta se mide en:

- metros
- kilogramos
- litros

e) El largo de la maleta se mide en:

- centímetros
- kilogramos
- litros

f) El agua de la botella que trae el niño se mide en:

- centímetros
- kilogramos
- litros

g) La maleta del niño tiene la forma del cuerpo geométrico llamado:

- cono
- cilindro
- cubo
- esfera
- prisma rectangular

h) El bote de basura tiene la forma del cuerpo geométrico llamado:

- cono
- cilindro
- cubo
- esfera
- prisma rectangular

i) El reloj de la pared tiene forma de:

- cuadrado
- círculo
- rectángulo
- triángulo

j) El calendario de la pared tiene forma de:

- cuadrado
- círculo
- rectángulo
- triángulo

5. Observa el letrero y contesta lo que se pide.

HELADOS
$34

PASEO EN
LANCHA
$69
POR PERSONA

VIAJE EN
BARCO
$578

a) ¿Cuánto pagaron en total los 4 miembros de la familia por subirse a la lancha?

Datos   Operación

R: _____

b) Si le compraron un helado a cada niño, ¿cuánto pagaron?

Datos   Operación

R: _____

c) Si pagaron el viaje en barco con 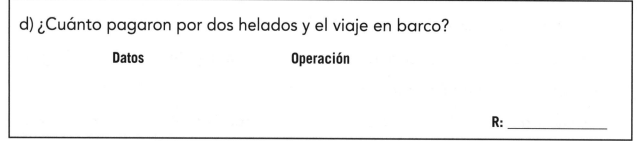 ¿cuánto recibieron de cambio?

Datos   Operación

R: _____

d) ¿Cuánto pagaron por dos helados y el viaje en barco?

Datos   Operación

R: _____

Cambiar es natural

Aprendizaje esperado. Describe cambios en sí mismo.

Desde que naces, **creces** y tu cuerpo cambia.

1. Observa cómo han cambiado estos niños y descríbelos.

a) En 1° de primaria:

_____

_____

_____

b) En 2° de primaria:

_____

_____

_____

2. Dibuja o pega fotografías de cómo eras en 1° de primaria y cómo eres ahora.

Así era en 1° de primaria.

Así soy ahora.

3. ¿Cuánto medías cuando ibas en 1° de primaria y cuánto mides ahora?

En 1° de primaria medía: _____   Ahora mido: _____

4. ¿Tu cabello era más largo o más corto cuando ibas en 1° de primaria?

_____

¿Qué me pasó?

Aprendizaje esperado. Describe cambios físicos de su persona y los relaciona con el proceso de desarrollo de los seres humanos.

> Recuerda que los seres vivos **nacen**, **crecen**, **se reproducen**, **envejecen** y **mueren**. Los cambios que ahora observas son naturales: todas las personas pasan por ellos a lo largo de su vida.

1. **Describe los cambios que observas en estas personas conforme pasa el tiempo.**

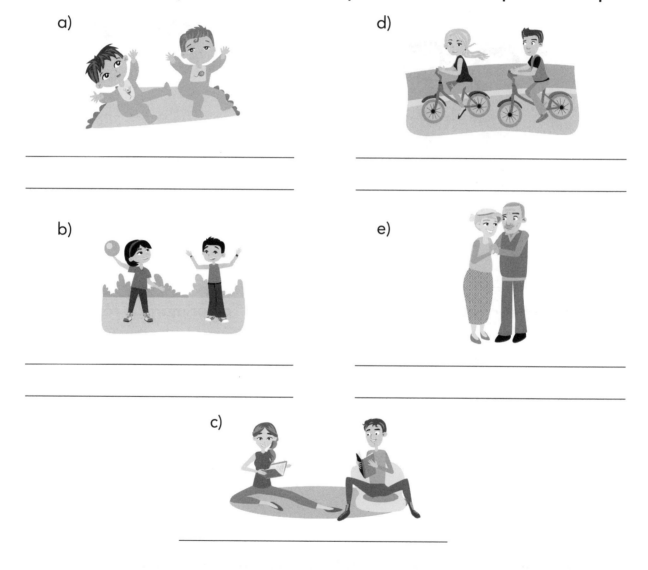

a)

_____

_____

d)

_____

_____

b)

_____

_____

e)

_____

_____

c)

_____

_____

2. **Escribe algunos cambios que hayas tenido en tu apariencia desde que eras un bebé hasta ahora.**

_____

_____

El Sol

Aprendizaje esperado. Describe cambios en la naturaleza a partir de lo que observa en el día y la noche.

> El **Sol** es una **estrella** y alrededor de él giran todos los planetas del **sistema solar**, incluida la Tierra. Si el Sol se enfriara, no habría vida en los planetas; pero no te preocupes, eso no pasará hasta dentro de varios millones de años.

1. Escribe los nombres de los planetas y los astros.

Sol   Marte   Tierra   Urano   Júpiter   Mercurio   Venus   Saturno   Neptuno

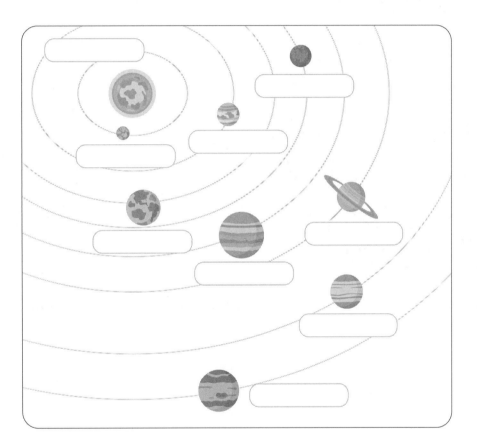

2. Completa la oración con las palabras de la caja.

brillante   estrellas   luz   Sol   día

La _____ del _____ es tan _____ que en el _____

no deja ver las_____.

3. Comenta con tus compañeros de grupo lo que sabes acerca del Sol.

El día y la noche

Aprendizaje esperado. Describe cambios en la naturaleza a partir de lo que observa en el día y la noche.

> La **Tierra** gira sobre su propio eje y tarda 24 horas en completar una vuelta, es decir, un día. Cuando el Sol ilumina una zona de la Tierra significa que ahí es de día, mientras que en la zona opuesta donde hay oscuridad es de noche. A esto se le llama **movimiento de rotación**.

1. Observa la imagen y completa si es de día o de noche.

a) Aquí es de _____

b) Aquí es de _____

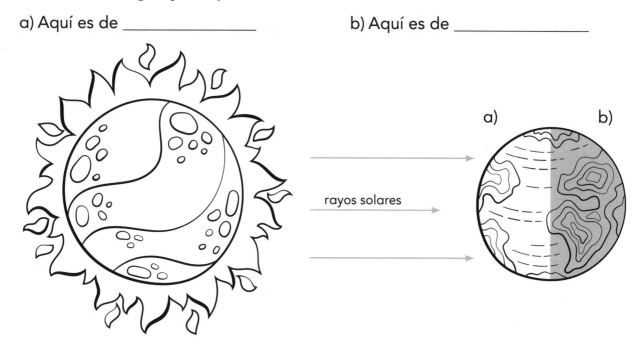

rayos solares

2. Dibuja dos escenas de la naturaleza, una de día y otra de noche.

La Luna y las estrellas

Aprendizaje esperado. Describe cambios en la naturaleza a partir de lo que observa en el día y la noche.

> La **Luna** gira alrededor de nuestro planeta y es más pequeña que la Tierra. No tiene luz propia, sino que refleja la luz del Sol, como un espejo.

1. Encierra en un círculo la letra V si la oración es verdadera o la letra F si es falsa.

   a) La Luna es de queso.   V   F

   b) La Luna gira alrededor de la Tierra.   V   F

   c) La Tierra gira alrededor de la Luna.   V   F

   d) La Luna tiene luz propia.   V   F

   e) La Luna refleja la luz del Sol.   V   F

   f) A veces, la Luna es redonda.   V   F

2. Dibuja las formas que tiene la Luna.

3. Completa el párrafo con las palabras de la caja.

Apolo 11	astronautas	Armstrong	Luna	humano	cohete

   Neil _____ fue el primer _____ que pisó
   la _____. El 16 de junio de 1969, Armstrong y otros _____
   despegaron de los Estados Unidos a bordo de un _____ espacial
   llamado _____ .

4. Escribe las palabras donde correspondan.

universo	luz	calor	astros	estrellas

   Las _____ son los únicos _____ en el _____
   que emiten _____ y _____ .

Frío y calor

Aprendizaje esperado. Describe cambios en la naturaleza a partir de lo que observa en el día y la noche.

> En general, cuando el sol brilla hace calor, y cuando sale la luna hace frío. Los animales salen de día o de noche, según estén acostumbrados al frío o al calor. Las personas nos cuidamos de los **cambios de temperatura**.

1. Dibuja un sol o una luna, según corresponda.

a)

b)

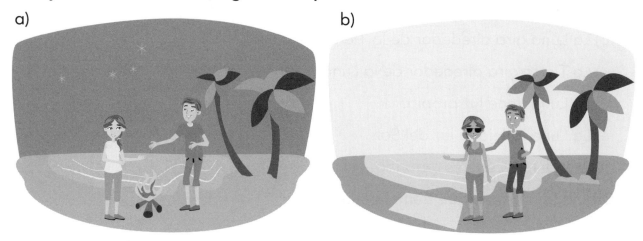

2. Investiga tres animales que sean nocturnos y dibújalos.

3. Escribe cómo debes cuidar tu salud.

a) Cuando hace frío: _____

_____

_____

b) Cuando hace calor: _____

_____

_____

Las estaciones del año

Aprendizaje esperado. Describe cambios en la naturaleza a partir de lo que observa durante el año.

La Tierra tarda 365 días en dar una vuelta alrededor del Sol, es decir, un año. Los rayos solares calientan más en unas épocas del año que en otras, debido a que la Tierra está inclinada mientras gira alrededor del Sol. A este movimiento se le llama **traslación** y causa las estaciones del año.

1. Colorea el movimiento de la Tierra alrededor del Sol.

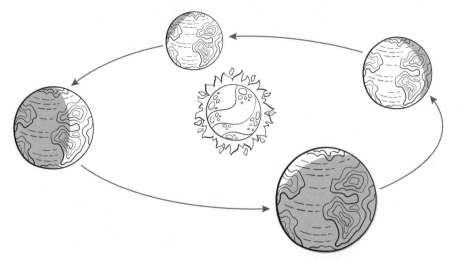

2. Dibuja en los cuadros las estaciones del año y escribe en la línea cuándo empiezan.

primavera	otoño

verano	invierno

El clima en un año

Aprendizaje esperado. Distingue cambios en la naturaleza durante el año debido al frío, calor, lluvia y viento.

> Las estaciones del año son: **primavera**, **verano**, **otoño** e **invierno**. Las personas, las plantas y los animales nos adaptamos a los cambios de las estaciones.

1. Escribe una característica de cada estación del año.

primavera	verano	otoño	invierno
_____	_____	_____	_____
_____	_____	_____	_____
_____	_____	_____	_____

2. Une cada estación con la ropa adecuada.

a)   b)   c)   d)

(otoño)   (invierno)   (primavera)   (verano)

3. Investiga cómo afecta el cambio de las estaciones a los seres vivos.

a) A las personas:

_____

_____

b) A las plantas:

_____

_____

c) A los animales:

_____

_____

Los cinco sentidos y cómo cuidarlos

Aprendizaje esperado. Reconoce los órganos de los sentidos, su función, y practica acciones para su cuidado.

1. Completa el siguiente crucigrama con el sentido que corresponde a la descripción.

1) Utilizamos los ojos para ver.

2) Distinguimos los sabores con la boca y la lengua.

3) Percibimos olores con la nariz.

4) Sentimos con las manos y la piel.

5) Escuchamos con los oídos.

2. Escribe un ejemplo de algo que percibas con cada sentido.

a) vista: _____

b) oído: _____

c) olfato: _____

d) gusto: _____

e) tacto: _____

3. Une la frase con el sentido que corresponda.

a) El perfume huele a flores.

vista

b) La mesa se siente rasposa.

c) El paisaje se ve hermoso.

oído

d) La música se escucha armónica.

e) La sopa está sabrosa.

tacto

f) Su blusa se siente suave.

g) La basura huele horrible.

gusto

h) Te ves muy bonita.

i) Esa máquina hace mucho ruido.

olfato

j) No me gustó el postre.

4. Observa los siguientes pares de imágenes. Elige y colorea la que puede dañar tus sentidos.

a)

c)

b)

d)

5. **Escribe *sí* junto a la acción que promueve el cuidado de nuestros sentidos, o la palabra *no* si los daña. Después, escribe el nombre del sentido que se utiliza. Fíjate en el ejemplo.**

a) Tallarse los ojos.   <u>no</u>   <u>vista</u>

b) Introducir objetos en la nariz. _____ _____

c) Ver la televisión de cerca. _____ _____

d) Ver pantallas brillantes. _____ _____

e) Colocar la mano en la estufa encendida. _____ _____

f) Alejarse de sonidos fuertes. _____ _____

g) Evitar oler productos que no conocemos. _____ _____

h) Ver un foco directamente. _____ _____

i) Sonarse la nariz con pañuelos limpios. _____ _____

j) Cepillarse los dientes después de cada alimento. _____ _____

k) Probar la sopa cuando está muy caliente. _____ _____

l) Tocar cosas dañinas. _____ _____

m) Asolearse durante mucho tiempo sin protección. _____ _____

n) Leer en lugares bien iluminados. _____ _____

o) Oír música con audífonos a un volumen alto. _____ _____

Es posible ayudar a los sentidos

Aprendizaje esperado. Explica que sus sentidos le permiten relacionarse con su entorno y practica acciones para cuidarlos.

> Hay personas a las que les falta algún **sentido**. Sin embargo, pueden vivir con ayuda de algunos aparatos y el cariño de los demás.

1. Observa las imágenes y completa las frases.

a) Cuando alguien no puede ver, camina con ayuda de _____

b) Cuando alguien no puede caminar, se auxilia de _____
_____

c) Cuando el oído de una persona es débil, puede escuchar con _____
_____

d) Cuando alguien no puede hablar, se puede comunicar con _____

El tamaño de los objetos

Aprendizaje esperado. Clasifica objetos por su tamaño.

> Podemos clasificar los objetos por su **tamaño**, es decir, agrupar los que son semejantes, los pequeños, los medianos y los grandes.

1. Colorea de azul los objetos que son pequeños, de rojo los medianos y de verde los grandes.

2. Escribe sobre la línea si el objeto es pequeño, mediano o grande.

a) La pirámide del Sol _____

b) bicicleta _____

c) alfiler _____

d) camión _____

e) chicle _____

f) puerta _____

g) La torre Eiffel _____

h) arete _____

Los animales

Aprendizaje esperado. Clasifica animales.

> Los animales se pueden clasificar de diferentes maneras, por ejemplo, por su tamaño.

1. Observa las imágenes y completa las frases.

a) La ardilla es más _____ que el perro.

b) El caballo es más pequeño que:

_____

c) El animal más pequeño es:

_____

d) El animal más grande es:

_____

e) El elefante es más _____ que el caballo.

2. Ordena los siguientes animales del más grande al más pequeño.

oso polar	gato	ballena	cerdo	mosca	cuyo

a) _____

b) _____

c) _____

d) _____

e) _____

f) _____

3. Dibuja en cada recuadro un animal pequeño, uno mediano y uno grande.

pequeño	mediano	grande

¡Hay muchos animales diferentes!

Aprendizaje esperado. Identifica diferencias y semejanzas entre plantas y animales del medio acuático y terrestre.

> Los animales también pueden clasificarse por lo que comen, si viven en el agua o en la tierra o por cómo se mueven.

1. **Investiga acerca de los animales que se muestran a continuación. Completa la información y encierra en un círculo la opción correcta.**

a)	Se llama: _____ Vive en: • el agua • la tierra Se mueve: _____ Come: _____
b)	Se llama: _____ Vive en: • el agua • la tierra Se mueve: _____ Come: _____
c)	Se llama: _____ Vive en: • el agua • la tierra Se mueve: _____ Come: _____
d)	Se llama: _____ Vive en: • el agua • la tierra Se mueve: _____ Come: _____
e)	Se llama: _____ Vive en: • el agua • la tierra Se mueve: _____ Come: _____
f)	Se llama: _____ Vive en: • el agua • la tierra Se mueve: _____ Come: _____

Animales acuáticos y terrestres

Aprendizaje esperado. Identifica diferencias y semejanzas entre plantas y animales del medio acuático y terrestre.

> Los cuerpos de los **animales acuáticos y terrestres** tienen todo lo necesario para adecuarse al lugar donde viven.

1. Escribe las partes del cuerpo de estos animales.

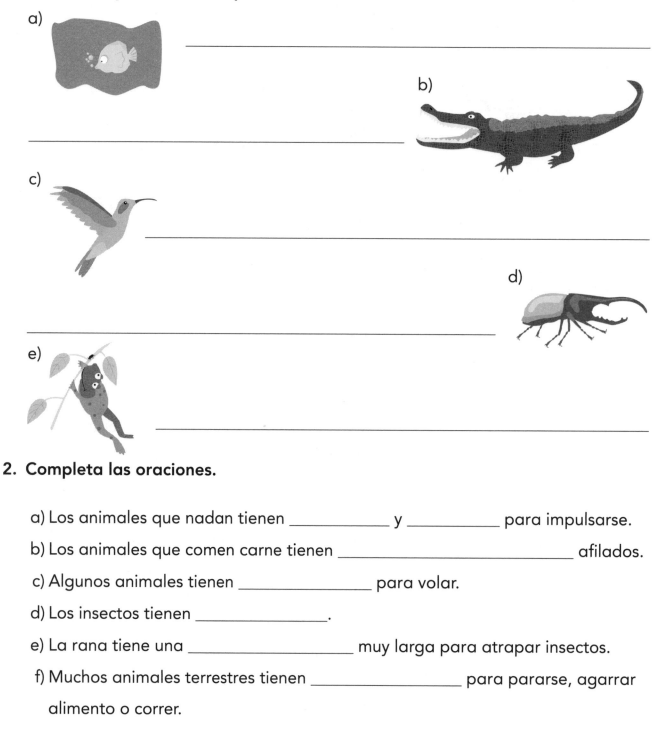

a) _____

b) _____

c) _____

d) _____

e) _____

2. Completa las oraciones.

a) Los animales que nadan tienen _____ y _____ para impulsarse.

b) Los animales que comen carne tienen _____ afilados.

c) Algunos animales tienen _____ para volar.

d) Los insectos tienen _____.

e) La rana tiene una _____ muy larga para atrapar insectos.

f) Muchos animales terrestres tienen _____ para pararse, agarrar alimento o correr.

Las plantas

Aprendizaje esperado. Clasifica plantas.

> Las plantas también pueden clasificarse de acuerdo con su tamaño.

1. Dibuja en los recuadros una planta pequeña, una mediana y una grande. Escribe su nombre sobre la línea.

pequeña	mediana	grande

_____   _____   _____

2. Subraya la palabra *pequeño* o *grande* según corresponda.

a) El nopal es más   pequeño / grande   que el encino.

b) El helecho es más   pequeño / grande   que el chile.

c) El frijol es más   pequeño / grande   que el pino.

¿Dónde habita cada quien?

Aprendizaje esperado. Describe, tomando en cuenta el frío, el calor, la abundancia o la escasez de agua, las características de los lugares donde viven plantas y animales silvestres.

> Las plantas silvestres son las que viven libres en la naturaleza. Están acostumbradas al calor o al frío que hay en el lugar donde viven.

1. Escribe el lugar en el que habitan las siguientes plantas.

desierto   playa   selva

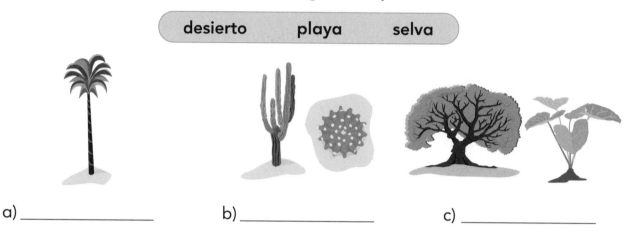

a) _____

b) _____

c) _____

2. Observa las imágenes. Encierra en círculo las palabras que completen.

a) Yo creo que en este lugar hace **calor / frío** y que llueve **mucho / poco**. El suelo es **rico / pobre** porque tiene **muchas / pocas** plantas.

b) Yo creo que en este lugar hace **calor / frío** y que llueve **mucho / poco**. El suelo es **rico / pobre** porque tiene **muchas / pocas** plantas.

c) Yo creo que en este lugar hace **calor / frío** y que llueve **mucho / poco**. El suelo es **rico / pobre** porque tiene **muchas / pocas** plantas.

¿Cómo puedo cuidar el medio ambiente?

Aprendizaje esperado. Identifica el impacto de acciones propias y de otros en el medio ambiente, y participa en su cuidado.

> Los seres humanos realizamos ciertas acciones en nuestra vida diaria que afectan el medio ambiente. Las plantas, los animales, el agua y el aire son parte de la naturaleza y debemos cuidarlos.

1. Colorea de rojo los recuadros con acciones que no contribuyen a cuidar el medio ambiente y de verde las que sí.

a) Tirar basura en los ríos.

b) Cuidar el agua.

c) Arrojar gases al aire.

d) Talar árboles.

e) Separar basura.

f) Cazar animales.

g) Utilizar el auto para distancias cortas.

h) Utilizar detergentes en los ríos.

i) Tirar basura en el bosque.

j) Sembrar plantas.

k) Utilizar popotes.

l) No utilizar productos de limpieza que contaminen el agua.

La basura afecta al medio ambiente, por lo tanto, es importante reciclarla para poderla reutilizar. Así, debemos separar la basura en orgánica e inorgánica y ésta, a su vez, en la que se pueda reciclar y la que no.

2. **Relaciona la imagen con la consecuencia que le corresponde.**

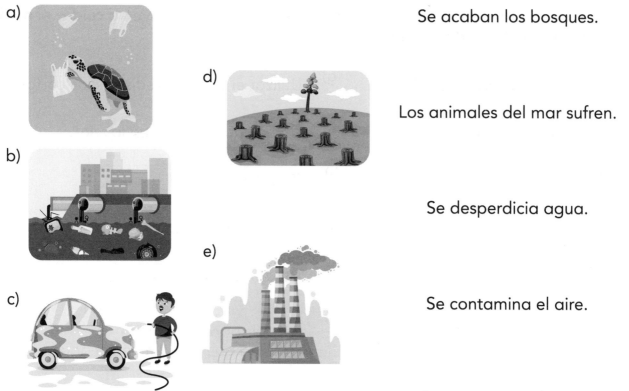

a)

d)

Se acaban los bosques.

Los animales del mar sufren.

b)

Se desperdicia agua.

e)

c)

Se contamina el aire.

Se contamina el agua.

3. **Colorea de verde los recuadros que se refieran a la basura orgánica, de azul a la inorgánica que se puede reciclar y de rojo a la inorgánica que no se puede reciclar.**

a) pan enlamado	e) revistas	i) fotos	m) latas de refresco
b) botellas de vidrio	f) cascarón de huevo	j) cajas de cartón	n) latas de pintura
c) etiquetas	g) botellas de plástico	k) focos	o) silla de madera rota
d) heces de perro	h) sobres de papel	l) ramas secas	p) espejos

Los seres humanos debemos desarrollar nuevos hábitos para proteger el medio ambiente. Una de las formas en que podemos ayudar a cuidarlo es utilizando las 3R: Reducir, Reciclar y Reusar.

4. Escribe sobre la línea la palabra que corresponda a su definición.

reducir   reciclar   reusar

a) Juntar materiales para someterlos a un proceso en el cual se pueden volver a utilizar es _____

b) Comprar sólo lo que necesitamos y aprovecharlo muy bien es

_____

c) Poder volver a utilizar las cosas es _____

5. Escribe un ejemplo de cómo tú puedes aplicar cada una de las 3R.

Reducir: _____

Reciclar: _____

Reusar: _____

6. Sigue el laberinto que lleva de las 3R a la Tierra feliz.

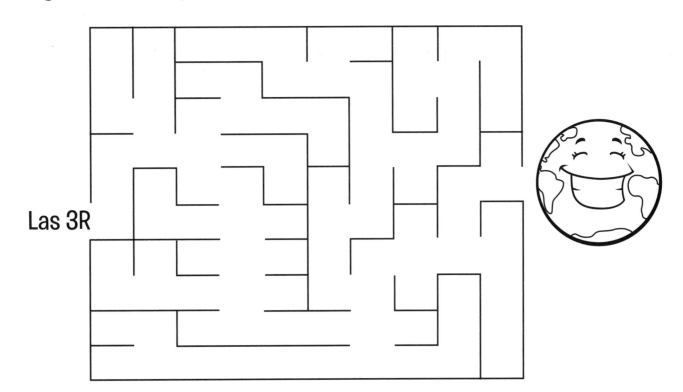

Las 3R

7. Escribe qué compromisos puedes hacer para cuidar el medio ambiente.

Para cuidar los recursos naturales, de hoy en adelante yo me comprometo a:

_____

_____

_____

_____

_____

_____
Firma

8. Lee en voz alta a tus compañeros los compromisos que escribiste y escucha los de ellos. Escribe los que consideres importantes.

_____

_____

_____

9. Dibuja un cartel para invitar a tu comunidad a cuidar el ambiente.

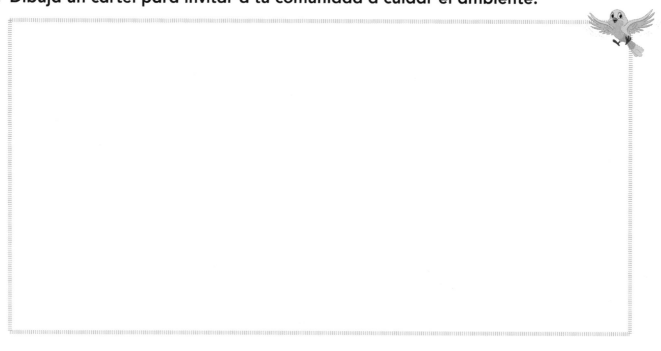

Repaso

1. Escribe tres cambios que hayas notado en tu apariencia desde que estabas en 1° de primaria hasta ahora que estás en el segundo grado.

a) _____

b) _____

c) _____

2. Completa el párrafo con las palabras de la caja.

noche   día   24   oscuridad   Tierra   Sol   rotación

La _____ gira sobre su propio eje y tarda _____ horas en hacerlo, es decir, un _____ . Cuando el _____ ilumina una zona de la Tierra, ahí es de día, mientras que en la zona opuesta donde hay _____, es de_____. A esto se le llama movimiento de _____.

3. Escribe el nombre de las estaciones del año y una de sus características.

a) _____

b) _____

c) _____

d) _____

4. Escribe en las líneas el nombre de cada uno de los sentidos y su órgano.

a) _____

b) _____

c) _____

d) _____

e) _____

5. **Escribe tres formas en que puedes cuidar los órganos de los sentidos.**

   a) _____

   b) _____

   c) _____

6. **Ordena los siguientes animales de pequeño a grande.**

   | ardilla | gato | venado | búfalo | elefante |

   | mariposa | pulga | ballena | tortuga | catarina |

   a) _____   f) _____

   b) _____   g) _____

   c) _____   h) _____

   d) _____   i) _____

   e) _____   j) _____

7. **Colorea de azul los recuadros del ejercicio anterior con los animales que sean acuáticos y de verde los terrestres.**

8. **Escribe una *V* cuando los enunciados sean verdaderos y una *F* cuando sean falsos.**

   a) Los seres humanos hacemos muchas cosas en nuestra vida
   diaria que afectan el medio ambiente.   _____

   b) Es bueno utilizar detergentes en los ríos.   _____

   c) El cascarón de huevo es basura orgánica.   _____

   d) Podemos ayudar a cuidar el medio ambiente utilizando
   las tres erres: reducir, reciclar, reusar.   _____

   e) Las latas de refresco no son reciclables.   _____

   f) Reusar es comprar sólo lo que necesitamos y aprovecharlo
   muy bien.   _____

   g) Tirar basura en la playa afecta a los animales del mar.   _____

El campo y la ciudad

Aprendizaje esperado. Compara características de diferentes lugares.

En nuestro país hay muchas poblaciones que combinan elementos **urbanos** y **rurales**.

1. **Completa la siguiente ficha y después encierra en un círculo el tipo de población donde vives (urbana o rural).**

El lugar donde vivo se llama _____

La mayoría de las personas trabaja en _____

Contamos con servicios de _____

En el día se escucha _____

y por la noche oímos _____

En cuanto a animales, hay _____

Por todo esto, yo digo que mi población es   urbana / rural

2. **Indica si las frases se refieren a una población urbana o rural.**

a) Una ciudad con edificios y calles es una población: _____

b) Aquí hay pocas casas y autos, pero muchas plantas y animales: _____

c) Aquí se crían animales y se cultiva la tierra: _____

d) El trabajo generalmente es en oficinas, comercios o fábricas: _____

3. **Dibuja lo que consideres que demuestra que tu comunidad es rural o urbana.**

El croquis y los símbolos

Aprendizaje esperado. Representa trayectos cotidianos con el uso del croquis y símbolos propios.

1. Relaciona cada símbolo con su significado. Escribe sobre la línea la letra que corresponde.

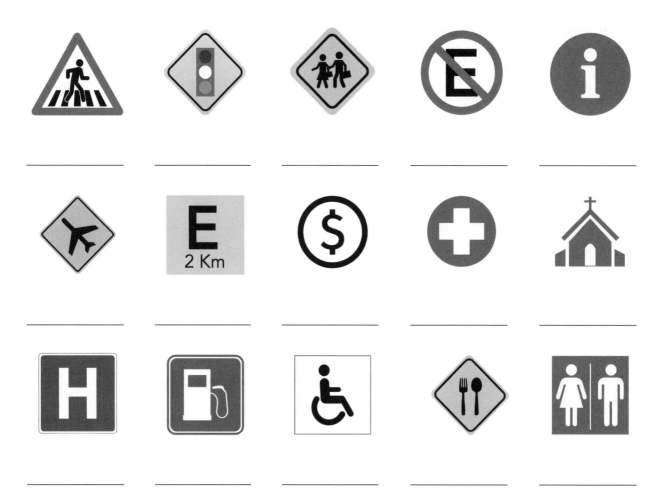

a) Aeropuerto

b) Gasolinería

c) Farmacia o Primeros Auxilios

d) Restaurante

e) Estacionamiento

f) Banco

g) Iglesia

h) Discapacitados

i) Semáforo

j) Cruce peatonal

k) Hotel

l) Baños

m) Zona escolar

n) No estacionarse

o) Información

2. **Realiza un croquis de tu comunidad. Recuerda dibujar la rosa de los vientos y los símbolos para representar los lugares.**

3. **Describe algún trayecto de un punto a otro en tu croquis (por dónde pasas, dónde das vuelta) e incluye tres señales que hayas utilizado.**

_____

_____

_____

_____

_____

_____

Los estados de la República Mexicana

Aprendizaje esperado. Compara características de diferentes lugares.

> **México** es el país donde vives. Está conformado por 32 estados o entidades. La Ciudad de México es la capital del país.

1. **Colorea en el mapa el estado en el que vives.**

2. **Colorea los estados que rodean a tu entidad de la siguiente manera:**

   a) El que está al norte de rojo.

   b) El que está al sur de verde.

   c) El que está al este de café.

   d) El que está al oeste de amarillo.

3. **En el mapa, marca con una ✘ el estado de la República Mexicana que te gustaría visitar. Después, completa la oración.**

   Para llegar a _____ , pasaría por los estados de:

   _____

   _____

Información sobre mi entidad

Aprendizaje esperado. Reconoce que el lugar donde vive se encuentra en una entidad de México.

> Cada estado es diferente y tiene muchos atractivos propios, pero todos pertenecen a **México**. Por eso, todos somos mexicanos.

1. **Completa la siguiente ficha con información de la entidad o el estado donde vives. Después, ilústralo.**

Mi estado se llama: _____

Su capital es: _____

Se encuentra en: _____

Su paisaje es: _____

Algunos de los animales que viven aquí son: _____

_____

Algunas de las plantas que viven aquí son: _____

_____

Usualmente comemos: _____

_____

Lo que más me gusta de mi estado es: _____

_____

Así es mi estado:

2. **Comparte con tus compañeros de grupo la ficha que elaboraste.**

Tradiciones, conmemoraciones y costumbres

Aprendizaje esperado. Describe costumbres, tradiciones, celebraciones y conmemoraciones del lugar donde vive y cómo han cambiado con el paso del tiempo.

> Las **costumbres** y **tradiciones** cambian debido a que las ideas de la gente varían con el paso del tiempo y las tradiciones se combinan con las de otras personas o lugares.

1. **Traza una línea para relacionar la celebración con la fecha en que se lleva a cabo.**

   a) Día de la Virgen de Guadalupe   10 de mayo

   b) Día de la Bandera   1° de enero

   c) Día de los Santos Inocentes   24 y 25 de diciembre

   d) Día de las Madres   28 de diciembre

   e) Día de la Primavera   24 de febrero

   f) Día de Muertos   16 de septiembre

   g) Nochebuena y Navidad   21 de marzo

   h) Día de la Independencia   1° y 2 de noviembre

   i) Año Nuevo   12 de diciembre

2. **Menciona cuáles tradiciones o costumbres se festejan en tu familia.**

   _____

   _____

   _____

   _____

3. Dibuja tres de las tradiciones o costumbres que más te gustan y cómo se celebran en tu casa.

4. ¿Qué costumbre familiar ha cambiado en tu familia con el paso del tiempo?

_____

_____

_____

5. Marca con una ✗ en el calendario las fechas de los cumpleaños de tu familia y explica cómo los celebran.

2020

| Enero |
| L M M J V S D |
| 1 2 3 4 5 |
| 6 7 8 9 10 11 12 |
| 13 14 15 16 17 18 19 |
| 20 21 22 23 24 25 26 |
| 27 28 29 30 31 |

| Febrero |
| L M M J V S D |
| 1 2 |
| 3 4 5 6 7 8 9 |
| 10 11 12 13 14 15 16 |
| 17 18 19 20 21 22 23 |
| 24 25 26 27 28 29 |

| Marzo |
| L M M J V S D |
| 1 |
| 2 3 4 5 6 7 8 |
| 9 10 11 12 13 14 15 |
| 16 17 18 19 20 21 22 |
| 23 24 25 26 27 28 29 |
| 30 31 |

| Abril |
| L M M J V S D |
| 1 2 3 4 5 |
| 6 7 8 9 10 11 12 |
| 13 14 15 16 17 18 19 |
| 20 21 22 23 24 25 26 |
| 27 28 29 30 |

| Mayo |
| L M M J V S D |
| 1 2 3 |
| 4 5 6 7 8 9 10 |
| 11 12 13 14 15 16 17 |
| 18 19 20 21 22 23 24 |
| 25 26 27 28 29 30 31 |

| Junio |
| L M M J V S D |
| 1 2 3 4 5 6 7 |
| 8 9 10 11 12 13 14 |
| 15 16 17 18 19 20 21 |
| 22 23 24 25 26 27 28 |
| 29 30 |

| Julio |
| L M M J V S D |
| 1 2 3 4 5 |
| 6 7 8 9 10 11 12 |
| 13 14 15 16 17 18 19 |
| 20 21 22 23 24 25 26 |
| 27 28 29 30 31 |

| Agosto |
| L M M J V S D |
| 1 2 |
| 3 4 5 6 7 8 9 |
| 10 11 12 13 14 15 16 |
| 17 18 19 20 21 22 23 |
| 24 25 26 27 28 29 30 |
| 31 |

| Septiembre |
| L M M J V S D |
| 1 2 3 4 5 6 |
| 7 8 9 10 11 12 13 |
| 14 15 16 17 18 19 20 |
| 21 22 23 24 25 26 27 |
| 28 29 30 |

| Octubre |
| L M M J V S D |
| 1 2 3 4 |
| 5 6 7 8 9 10 11 |
| 12 13 14 15 16 17 18 |
| 19 20 21 22 23 24 25 |
| 26 27 28 29 30 31 |

| Noviembre |
| L M M J V S D |
| 1 |
| 2 3 4 5 6 7 8 |
| 9 10 11 12 13 14 15 |
| 16 17 18 19 20 21 22 |
| 23 24 25 26 27 28 29 |
| 30 |

| Diciembre |
| L M M J V S D |
| 1 2 3 4 5 6 |
| 7 8 9 10 11 12 13 |
| 14 15 16 17 18 19 20 |
| 21 22 23 24 25 26 27 |
| 28 29 30 31 |

_____

_____

_____

Las **fiestas familiares** celebran momentos importantes, como los cumpleaños. Las **fiestas tradicionales** también celebran momentos importantes, pero en ellas participan todas las personas de la comunidad.

6. **Escribe algunas fiestas que se celebran en tu comunidad.**

_____

_____

_____

7. **Elige tu fiesta favorita y explica por qué te gusta.**

_____

_____

_____

_____

8. **En el calendario, escribe la fecha en que se celebra la fiesta que elegiste y dibuja algo que la identifique.**

Mes: _____

Día: _____

Fiesta de: _____

_____

_____

L	M	M	J	V	S	D

9. **Muestra a tus compañeros tu dibujo y explica por qué elegiste esa fiesta. Escribe los nombres de los compañeros que eligieron la misma fiesta que tú.**

_____

_____

Fiestas de ayer y hoy

Aprendizaje esperado. Reconoce cómo han cambiado las festividades, las costumbres y tradiciones del lugar donde vive a través del tiempo.

> Las fiestas tradicionales son parte de las costumbres de la comunidad. Debemos sentirnos orgullosos de nuestra comunidad y preservar **nuestras tradiciones**.

1. Pregunta a tus padres o abuelos cómo celebraban la fiesta que elegiste en la página anterior. Escribe lo que te contaron.

_____

_____

_____

_____

_____

2. Escribe cómo ha cambiado la festividad que elegiste. Utiliza las palabras de la caja.

> **hace sesenta años**   **décadas**   **en esa época**

_____

_____

_____

3. Escribe qué te gusta de la celebración actual y qué te gustaría conservar de la celebración antigua.

a) De la celebración actual me gusta: _____

_____

_____

b) De la celebración antigua me gustaría conservar: _____

_____

_____

Fiestas tradicionales de otros lugares

Aprendizaje esperado. Compara costumbres y tradiciones de su comunidad con las de otras comunidades de México.

En nuestro país hay muchas comunidades diferentes. Por eso hay una gran diversidad de **fiestas tradicionales**. Todas son interesantes. ¡Conócelas!

1. Investiga en qué estado se baila cada una de las siguientes danzas regionales. Pon el nombre del estado debajo de la imagen.

a) _____   b) _____   c) _____

2. En compañía de algún familiar, entrevista a una persona que haya nacido en otra comunidad. Utiliza las siguientes preguntas.

a) ¿En dónde nació y en qué década?

_____

b) ¿Qué fiesta tradicional de su comunidad recuerda?

_____

c) ¿Cómo se celebra?

_____

d) ¿Se usa ropa especial durante la fiesta? ¿Cómo es?

_____

e) ¿Qué se come durante esa celebración?

_____

¡Muchas gracias!

3. Escribe en tu cuaderno un relato a partir de tu entrevista.

4. Lee tu relato en voz alta a tus compañeros. Después, escucha los suyos.

Los Niños Héroes

Aprendizaje esperado. Comprende que la historia ocurre en ciertos espacios y en ciertos periodos de tiempo.

El ejército estadounidense invadió nuestro país entrando por Veracruz en 1847. Para el **13 de septiembre** ya habían llegado a la Ciudad de México.

1. Observa la imagen y contesta.

a) ¿Quiénes están ahí?

_____

b) ¿Qué está ocurriendo?

_____

c) ¿En dónde están?

_____

d) ¿Cuándo sucedió?

_____

2. Investiga qué significa *Chapultepec* y en dónde se encuentra.

a) Chapultepec: _____

b) Se encuentra en: _____

3. Completa el siguiente párrafo con las palabras que correspondan.

cadetes   americana   septiembre   Héroes   Chapultepec

Se les llama Niños _____ a un grupo de _____ mexicanos que murieron en la Batalla de _____ el 13 de _____ de 1847 durante la guerra mexico- _____.

Una fecha que debes recordar

Aprendizaje esperado. Identifica cómo y por qué se celebra la defensa del Castillo de Chapultepec y valora su importancia para los mexicanos.

> Los **Niños Héroes** lucharon con valor, por eso sus restos se colocaron en el **Altar a la Patria**.

1. **Encierra en un círculo los nombres de seis Niños Héroes que encuentres en la siguiente lista.**

   a) Ernesto Zedillo

   b) Agustín Melgar

   c) Juan Escutia

   d) Francisco Villa

   e) Hernán Cortés

   f) Francisco Márquez

   g) Emiliano Zapata

   h) Patricio Sanz

   i) Vicente Suárez

   j) Vicente Fox

   k) Fernando Montes de Oca

   l) Juan de la Barrera

2. **Escribe los nombres que se conocen de los Niños Héroes.**

   _____   _____

   _____   _____

   _____   _____

3. **Visita el Altar a la Patria o busca una fotografía y dibújalo en el recuadro. Escribe sobre la línea con qué otro nombre se conoce este lugar.**

Sólidos, líquidos y gases

Aprendizaje esperado. Distingue sólidos, líquidos y gases en el entorno.

> Existen **tres estados físicos** principales en los que los materiales pueden encontrarse: sólido, líquido o gaseoso.

1. **Relaciona cada definición con el estado que le corresponde.**

   a) Cambia de forma cuando lo cambiamos de recipiente.   sólido

   b) Mantiene su forma, aunque lo cambiemos de recipiente.   líquido

   c) Tiende a ocupar todo el volumen que pueda. No tiene forma propia.   gaseoso

2. **Colorea de azul las imágenes de sólidos, de rojo las de gases y de amarillo las de líquidos.**

a)   b)   c)   d)

e)   f)   g)   h)

i)   j)   k)   l)

El agua y los estados físicos

Aprendizaje esperado. Distingue sólidos, líquidos y gases en el entorno.

> El agua cambia de estado al entrar en contacto con el frío o con el calor, que hacen que su temperatura baje o suba.

1. Observa las siguientes imágenes.

2. Responde las preguntas siguientes.

a) ¿Qué pasó con el agua de la primera a la segunda imagen?

_____

b) ¿Qué pasó con el agua de la segunda a la tercera imagen?

_____

c) Cuando se hizo sólida, ¿hacía frío o calor?

_____

d) Cuando se hizo líquida, ¿hacía frío o calor?

_____

3. Completa el siguiente párrafo.

a) Si el hielo se calienta, se convierte en _____ , es decir, en su estado líquido.

b) Si el agua se calienta, se convierte en _____ de agua, es decir, su estado gaseoso.

c) Si este gas se enfría, se convierte en agua en su estado _____.

d) Si se vuelve a enfriar, regresa a ser _____ , es decir, su estado sólido.

4. Lee el texto siguiente. Escribe cómo crees que se llama e ilústralo.

La gota de agua que da la nube como regalo para la flor en vapor se desvanece cuando se levanta el sol; y nuevamente al cielo sube hasta la nube que la soltó. La gotita sube y baja, baja y sube al compás de esta canción.

Francisco Gabilondo Soler. http://www.cri-cri.net/ Cuentos/094.html

Nombre: _____

En la naturaleza, una parte del agua de los ríos, lagos y mares se evapora por el calor del sol; ésta sube al cielo formando nubes que después se enfrían y se convierten en lluvia que cae a la tierra. Esa agua riega las plantas y regresa a los ríos, lagos y mares. Así, el **ciclo del agua** vuelve a empezar.

5. Colorea el ciclo del agua y explícalo con tus palabras.

_____

_____

_____

Juegos y actividades recreativas

Aprendizaje esperado. Describe cambios y permanencias en los juegos, las actividades recreativas y los sitios donde se realizan.

> Las actividades recreativas son aquellas que permiten que una persona se entretenga o se divierta. Son actividades que no se hacen por obligación, sino por placer. Una de estas actividades recreativas es el juego.

1. **Describe las actividades recreativas que haces los fines de semana.**

   _____

   _____

2. **Platica con tus padres sobre las actividades recreativas que ellos hacían cuando eran niños y describe la que más te llamó la atención.**

   _____

   _____

   _____

3. **Platica con alguno de tus abuelos o con alguna persona mayor sobre las actividades recreativas que ellos hacían cuando eran niños y describe la que más te llamó la atención.**

   _____

   _____

   _____

4. **Escribe diferencias que hayas encontrado entre las actividades recreativas de tus papás, de tus abuelos y las tuyas.**

antes	después

Hace treinta o cuarenta años la tecnología no era tan avanzada como ahora, por lo que los niños jugaban al aire libre utilizando su imaginación.

5. Dibuja tu lugar recreativo favorito y explica por qué lo es.

6. ¿Encuentra alguna característica en común entre las actividades recreativas de antes y las de ahora?

7. Dibuja tu juego favorito y escribe sobre la línea cómo se llama.

8. Observa la siguiente lista de juegos.

canicas   rayuela   bote pateado   stop
resorte   yoyo   escondidas   coleadas
saltar la cuerda encantados   sillas

9. ¿Conoces algunos de los juegos de la lista anterior? _____ Pide a tus papás que te expliquen tres de ellos y descríbelos.

a) _____

_____

b) _____

_____

c) _____

_____

10. ¿Juegas alguno de estos juegos con tus amigos en la actualidad? ¿Cuáles?

_____

_____

11. ¿Cuál o cuáles de los juegos de antes te gustaría jugar hoy con tus amigos?

_____

_____

12. Lee las siguientes características de los juegos y escribe la letra A en aquellas que correspondan a los juegos de antes; la letra H a las que corresponden a los juegos de hoy, o ambas letras AH si aplican tanto a los juegos de hoy como a los de antes.

a) El juego es una actividad que se utiliza para la diversión y el disfrute de los participantes. _____

b) El juego es sinónimo de recreo, diversión y esparcimiento. _____

c) Los niños juegan para descubrir y conocer a los demás y a su entorno. _____

d) Los juegos preparan al hombre y a algunas especies animales para la vida adulta. _____

e) En el juego interviene la capacidad para crear contextos, anticipar situaciones, planificar las acciones venideras o interpretar la realidad. _____

f) El juego es indispensable para el desarrollo psicomotor, intelectual, afectivo y social, ya que con él se aprende a respetar normas y a tener metas y objetivos. _____

g) A través del juego los niños aprenden a afrontar situaciones diversas que deberán enfrentar a lo largo de su vida. _____

h) El juego permite al niño afirmarse. _____

i) El juego favorece el proceso socializador. _____

j) Existen reglas y límites que el propio juego establece y los jugadores aceptan. _____

k) Es una actividad espontánea y libre que normalmente se desarrolla con orden. _____

l) Es una fantasía hecha realidad. _____

m) Es una forma de comunicación. _____

n) En el juego el niño se desarrolla como individuo probándose y reafirmándose en todas sus capacidades. _____

13. Encuentra en la sopa de letras los nombres de los juguetes.

C	H	P	Y	T	P	C
U	O	E	O	U	A	O
E	S	L	Y	Y	T	C
R	I	O	O	M	I	H
D	T	T	W	R	N	E
A	O	A	O	R	E	R
A	V	I	O	N	S	S

Repaso

1. **Explica lo que es una población urbana y una rural.**

   a) Población urbana:

   _____

   _____

   b) Población rural:

   _____

   _____

2. **Dibuja cuatro señales que encuentres en el camino de tu casa a la escuela y lo que significan.**

   _____   _____   _____   _____

3. **¿Cómo se llama el estado en el que vives? ¿Cuál es su capital y con qué estados colinda?**

   _____

   _____

4. **Menciona tres tradiciones o costumbres que te guste celebrar y escribe la fecha en las que se llevan a cabo.**

   a) _____

   b) _____

   c) _____

5. **¿Qué tradición o costumbre es diferente ahora a como era en tiempos de tus abuelos?**

   _____

6. **Escribe una _V_ si el enunciado es verdadero y una _F_ si es falso.**

   a) En 1847 el ejército francés entró por Yucatán para invadir nuestro país. _____

   b) Los Niños Héroes eran un grupo de cadetes mexicanos. _____

   c) El 13 de septiembre se celebra el día de los Niños Héroes. _____

   d) Hidalgo y Morelos fueron dos Niños Héroes. _____

   e) Vicente Suárez y Fernando Montes de Oca fueron dos Niños Héroes. _____

7. **Traza una línea para relacionar los materiales con el estado físico en que se encuentran.**

   a) paleta helada

   b) nube

   c) glaciar

   d) aceite de cocinar

   e) alberca con agua

   f) globo de helio

   g) vapor de una tetera

   h) pluma

   i) lluvia

sólido

líquido

gaseoso

8. **Escribe tu actividad recreativa favorita. Piensa en las actividades de tus papás y escribe qué diferencias y similitudes hay entre las tuyas y las de ellos.**

   _____

   _____

   _____

   _____

   _____

La Revolución Mexicana

Aprendizaje esperado. Comprende que la historia ocurre en ciertos espacios y en ciertos periodos de tiempo.

> La **Revolución Mexicana** fue una lucha que buscaba que todos los mexicanos tuvieran la libertad para elegir a sus gobernantes. La gente defendió su derecho de ser dueña de tierra para cultivarla y perseguía que la justicia se aplicara igual para todos, sin importar que fueran ricos o pobres.

1. Responde las siguientes preguntas.

a) ¿Quién gobernaba México cuando inició la Revolución Mexicana?

_____

b) ¿Por qué inició la Revolución?

_____

c) ¿Cuándo inició la Revolución?

_____

d) ¿Qué personajes fueron importantes en la Revolución?

_____

2. Resuelve el siguiente crucigrama escribiendo los apellidos de los cinco personajes principales de la Revolución.

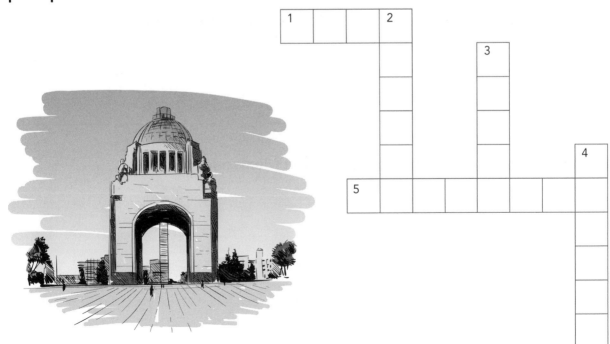

Recordemos el día de la Revolución Mexicana

Aprendizaje esperado. Reconoce cómo y por qué se celebra el inicio de la Revolución Mexicana y valora la importancia de la participación del pueblo.

> Gracias a la Revolución Mexicana se creó la Secretaría de Educación Pública, para que todos los mexicanos tuvieran acceso a la educación.

1. Encierra en un círculo la fecha del calendario en que se celebra el día de la Revolución Mexicana.

| \multicolumn{7}{c}{**Noviembre**} |
L	M	M	J	V	S	D
						1
2	3	4	5	6	7	8
9	10	11	12	13	14	15
16	17	18	19	20	21	22
23	24	25	26	27	28	29
30						

2. Escribe cómo celebras el día de la Revolución Mexicana.

_____

_____

_____

3. Escribe por qué crees que sea importante celebrar este día.

_____

_____

_____

4. Dibuja algo que represente la Revolución Mexicana.

El tiempo y el espacio

Los derechos de los niños

Aprendizaje esperado. Identifica que todos los niños tienen derecho a la salud, al descanso y al juego.

> Algunas de las cosas que necesitas para vivir bien, sano y feliz, como una casa, comida, una familia, educación, el poder ir al doctor, entre otras, son parte de tus derechos humanos. Existen derechos humanos especiales para los niños, y deben gozar de ellos desde que nacen hasta que cumplen 18 años. Estos fueron dados a conocer por la ONU en la **Declaración de los Derechos del Niño**.

1. **Haz una lista de las cosas que crees que necesitas para vivir bien y ser feliz.**

   _____

   _____

   _____

   _____

2. **Pregunta a tus papás por qué eligieron tu nombre. Escribe lo que te digan y compártelo con tus compañeros.**

   _____

   _____

   _____

   _____

> ¡Tienes derecho a tener un nombre!

3. **Responde las siguientes preguntas.**

   a) ¿Comes comida sana o mucha chatarra? _____

   b) ¿Comes frutas y verduras? _____

   c) ¿Te lavas los dientes tres veces al día? _____

   d) ¿Duermes 8 horas diarias? _____

   e) ¿Vas al doctor a que te examinen? _____

> ¡Tienes derecho a comer bien y estar sano!

4. Pega alguna foto o dibuja a las personas de tu familia con las que vives.

¡Tienes derecho a vivir con tu familia, que te quiera y te cuide!

5. Piensa en algún momento o situación en la que no hayas tratado bien a alguien. Ponte en su lugar y piensa cómo se habrá sentido esa persona. Escribe cómo debiste haber actuado para que esa persona no se sintiera mal.

_____

_____

_____

¡Tienes derecho a que nadie te maltrate ni se burle de ti!

6. Responde lo que se pide.

a) ¿Qué es lo que más te gusta de la escuela? _____

b) ¿Cuál es tu clase favorita? _____

c) ¿Cuál es la que menos te gusta? _____

d) ¿Algunas veces te dan ganas de no ir a la escuela? ¿Por qué vas? _____

_____

¡Tienes derecho a ir a la escuela y aprender muchas cosas!

7. **Responde lo que se pide.**

a) ¿Cómo te sientes cuando un niño o niña te molesta o se burla de ti por ser de otro género? _____

b) ¿Crees que los niños y las niñas pueden jugar y trabajar juntos en la escuela?

_____

c) Cuando las personas son diferentes a nosotros, ¿crees que está bien molestarlas o burlarse de ellas? _____

_____

8. **Realiza un dibujo en el que niños y niñas jueguen juntos.**

¡Tienes derecho a que te traten igual que a todas las niñas y niños!

9. **Describe una situación en la que te hayas sentido triste o enojado y lo hayas platicado con alguien.**

_____

_____

_____

10. **¿Acostumbras a decir lo que piensas y sientes? ¿O prefieres quedarte callado?**

_____

_____

_____

¡Tienes derecho a decir lo que sientes y piensas!

El juego y el descanso son un derecho. Según la declaración de los derechos del niño, adoptada en la asamblea general de la ONU:

"El niño debe disfrutar plenamente de juegos y recreaciones los cuales deberán estar orientados hacia los fines perseguidos por la educación[...]"

11. Dibuja tres de tus juegos favoritos.

12. ¿Consideras que juegas todos los días, por lo menos un rato? _____

13. Responde lo que se pide.

a) ¿Conoces o has visto niños trabajando? Menciona algún ejemplo.

_____

b) ¿Tú has trabajado alguna vez? _____ ¿En qué? _____

_____

¡Tienes derecho a que no te obliguen a trabajar o hacer cosas que te dañen!

14. Responde las siguientes preguntas.

a) ¿Sabes investigar información en internet? _____

b) ¿Qué has investigado? _____

c) ¿Ves mucha televisión en tu casa? _____

d) ¿Tienes celular o tableta? _____

e) ¿Lo utilizas mucho? _____

¡Tienes derecho a aprender a utilizar la computadora e internet, y ver y escuchar programas educativos!

Así como los niños tienen derechos de los que pueden gozar, también deben cumplir con algunos deberes, tanto en casa como en la escuela.

15. Encierra en un círculo de color verde los derechos que tienen los niños y de azul los deberes.

a) un nombre

b) respetar a mis padres

c) cuidar el medio ambiente

d) una familia

e) salud

f) el juego

g) proteger a los animales

h) respetar a mis maestros

i) ayudar con las labores en casa

j) educación

k) descanso

l) respetar las opiniones de los demás

m) decir mi opinión

n) no trabajar

o) cumplir con los compromisos de la escuela

16. Colorea la imagen que represente un derecho de los niños.

a)

b)

Comer sanamente

Aprendizaje esperado. Identifica que todos los niños tienen derecho a la salud.

> Uno de los derechos de los niños es el derecho a la salud y a comer sanamente. Para ello es importante conocer el **plato del bien comer**.
>
> El **plato del bien comer** es una guía para nutrirnos sanamente, hecha con base en los alimentos que consumimos los mexicanos usualmente.

1. **Busca una imagen con información sobre el plato del bien comer y completa el párrafo.**

En cada comida debes incluir muchas _____,
pocas_____ y suficientes
_____

2. **Escribe ejemplos de cada grupo de alimento.**

a) Frutas y verduras: _____

b) Leguminosas y alimentos de origen animal: _____

c) Cereales: _____

3. **Marca con una ✔ si el menú está completo y un ✗ si no lo está.**

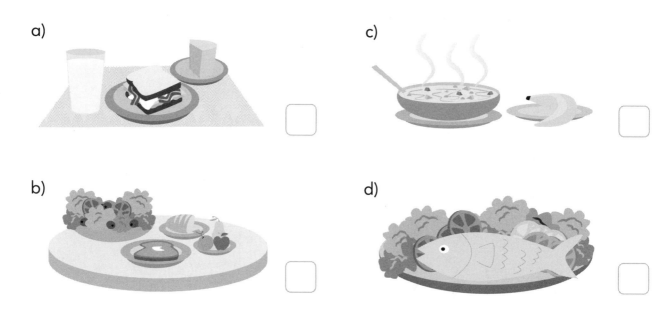

a)

b)

c)

d)

La Bandera Nacional

Aprendizaje esperado. Comprende que la historia ocurre en ciertos espacios y en ciertos periodos de tiempo.

> La **Bandera Nacional** es uno de los símbolos patrios. Ha cambiado a lo largo del tiempo, pero siempre ha representado los ideales y los valores de todos los mexicanos.

1. Dibuja la Bandera Nacional en estos lugares.

a)

b)

c)

2. Investiga y escribe qué simbolizan los colores de la bandera.

a) verde: _____

b) blanco: _____

c) rojo: _____

3. Comenta con tus compañeros de grupo qué sientes al ver la Bandera Nacional.

Día de la Bandera

Aprendizaje esperado. Reconoce cómo y por qué se celebra el Día de la Bandera Nacional y valora su importancia para los mexicanos.

> La **Bandera**, el **Escudo** y el **Himno** nacionales son los **símbolos patrios**. Nos recuerdan que somos mexicanos y nos representan en otros países. Debemos respetarlos y sentirnos orgullosos de ser mexicanos.

1. Encierra en un círculo la fecha del calendario en que se celebra el Día de la Bandera.

\multicolumn{7}{c}{**Febrero**}						
L	M	M	J	V	S	D
					1	2
3	4	5	6	7	8	9
10	11	12	13	14	15	16
17	18	19	20	21	22	23
24	25	26	27	28	29	

2. Colorea el Escudo Nacional.

3. Escribe cómo rindes honores a la Bandera Nacional.

_____

_____

_____

4. Escribe por qué crees que es importante rendir honores a la Bandera.

_____

_____

_____

El tiempo y el espacio

El sonido

Aprendizaje esperado. Experimenta con objetos diversos para reconocer que, al rasgarlos o golpearlos, se produce sonido.

> Al golpear, soplar o al rasgar un objeto se producen vibraciones que viajan por el aire hasta llegar a los oídos donde se transforman en sonido. Los sonidos pueden ser agradables o molestos y fuertes o suaves.

1. **Escribe debajo de cada imagen si crees que el sonido es agradable o molesto.**

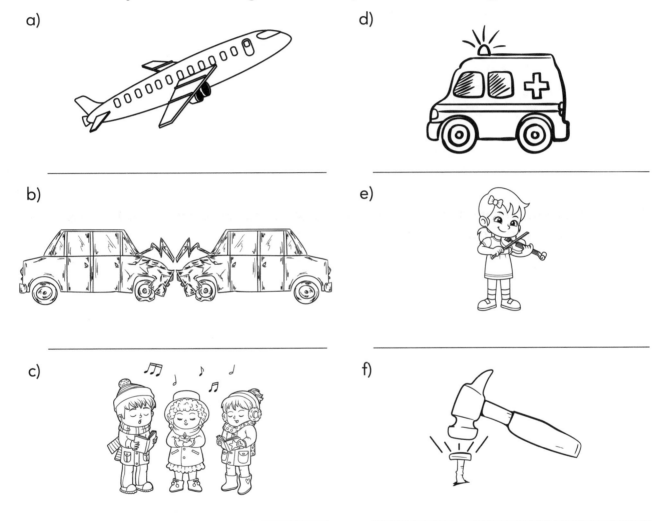

a)

d)

b)

e)

c)

f)

2. **Escribe sobre la línea una F si el sonido es fuerte o S si es suave.**

a) La alarma de un coche. _____

b) Una batería. _____

c) Unos pajaritos cantando. _____

d) Un perro ladrando. _____

e) La respiración de una persona. _____

f) El claxon de un coche. _____

g) Pasar hojas de un cuaderno. _____

h) La lluvia al caer. _____

3. Dibuja tres situaciones en las que se produzca sonido en la vida cotidiana: una golpeando, una soplando y otra rasgando.

4. Ahora dibuja tres instrumentos musicales: uno que produzca sonido al golpearlo, otro al soplarlo y otro al rasgando.

5. ¿Tocas algún instrumento musical? ¿Cuál? _____

Si no es así, ¿cuál te gustaría tocar y por qué? _____

_____

_____

Instrumentos musicales

Aprendizaje esperado. Experimenta con objetos diversos para reconocer que, al rasgarlos o golpearlos, se produce sonido.

1. Escribe el nombre del instrumento que se describe. Luego, completa el crucigrama según corresponda.

1) Es de cuerdas y se recarga en el hombro: _____

2) Se debe soplar muy fuerte para que suene, es importante en el mariachi: _____

3) Instrumento típico de Veracruz en el que se golpean trozos de madera: _____

4) Son como dos sonajas que se sacuden una con cada mano para que suenen: _____

5) Está formada por tambores y platillos; la utilizan los grupos de rock: _____

6) Formado de teclas negras y blancas: _____

La Expropiación Petrolera

Aprendizaje esperado. Comprende que la historia ocurre en ciertos espacios y en ciertos periodos de tiempo.

> El presidente **Lázaro Cárdenas** expropió el petróleo en 1938. Desde entonces, México obtiene la mayoría de sus recursos vendiendo petróleo. Sin embargo, este gran logro no habría sido posible sin la participación de todo el pueblo mexicano.

1. **Investiga y responde las preguntas.**

   a) ¿Quiénes extraían el petróleo en México antes de 1938?

   _____

   b) ¿Qué hizo el presidente Lázaro Cárdenas?

   _____

   c) ¿Qué hizo la población mexicana?

   _____

   _____

2. **Observa y describe la siguiente imagen.**

   _____

   _____

   _____

   _____

3. **Investiga entre tus familiares si alguno de tus antepasados cooperó para que el petróleo fuera de todos los mexicanos.**

4. Encierra en un círculo la fecha del calendario en que se celebra el día de la Expropiación Petrolera.

Marzo

L	M	M	J	V	S	D
						1
2	3	4	5	6	7	8
9	10	11	12	13	14	15
16	17	18	19	20	21	22
23	24	25	26	27	28	29
30	31					

5. Completa el párrafo con las palabras de la caja.

transporte   combustible   electricidad   recurso

El petróleo es un _____ natural muy importante que sirve para hacer _____ y plásticos; además es indispensable en la producción de _____ y es un valioso recurso para que las industrias y el _____ funcionen.

6. Escribe por qué crees que fue importante la Expropiación Petrolera.

_____

_____

_____

_____

7. Comenta con tus compañeros de grupo tu respuesta.

Las reglas

Aprendizaje esperado. Distingue y sugiere reglas de convivencia que favorecen el trato respetuoso e igualitario en los sitios donde interactúa.

> Las reglas son acuerdos que nos dicen lo que se puede y lo que no se puede hacer. Nos ayudan a vivir armónicamente.

1. Colorea las situaciones en las que no se estén cumpliendo reglas.

a)   b)   c)   d)

e)   f)   g) MARÍA   h)

2. Escribe la palabra regla en las situaciones donde se esté siguiendo alguna.

a) No correr dentro del salón. _____

b) Pintar en los escritorios de mi escuela. _____

c) Llevar el uniforme limpio. _____

d) Llegar tarde a clases. _____

e) Interrumpir a la maestra. _____

f) No tomar el material de mis compañeros sin pedírselos. _____

g) No se permiten las burlas a los compañeros. _____

h) No corro en las escaleras. _____

3. Además de la escuela, ¿dónde crees que deben existir reglas para que exista una mejor convivencia?

_____

_____

_____

4. Escribe un ejemplo de alguna regla que conozcas en los siguentes lugares:

a) En tu casa: _____

_____

b) En la calle: _____

_____

c) En los lugares de recreación: _____

_____

5. En tu casa, ¿están bien establecidas las reglas? _____

6. Dibuja dos reglas que existan en tu casa y cómo las cumples.

7. Escribe las reglas de tu juego favorito.

_____

_____

_____

El Día del Trabajo

Aprendizaje esperado. Comprende que la historia ocurre en ciertos espacios y en ciertos periodos de tiempo.

En el **Día del Trabajo** se celebran los derechos que los trabajadores han conseguido después de mucho esfuerzo. Éste se celebró por primera vez en México en 1913 con un desfile en el que participaron obreros que exigían el respeto a sus derechos laborales. En 1925 se estableció la celebración de forma oficial.

1. Encierra en un círculo la fecha del calendario en que se celebra el Día del Trabajo.

Mayo

L	M	M	J	V	S	D
				1	2	3
4	5	6	7	8	9	10
11	12	13	14	15	16	17
18	19	20	21	22	23	24
25	26	27	28	29	30	31

2. Escribe en las líneas por qué crees que es importante el Día del Trabajo.

_____

_____

3. Recuerda lo que has estudiado acerca del trabajo y responde las siguientes preguntas.

   a) ¿Por qué crees que las personas trabajan?

   _____

   _____

   b) ¿Crees que los trabajos de antes eran iguales a los de ahora? ¿Por qué?

   _____

   _____

4. Comenta con tus compañeros por qué es importante tener el equipo adecuado para trabajar.

5. Completa las descripciones. Después, escribe en el crucigrama el nombre de los diferentes trabajos de acuerdo a la imagen.

1) El _____ se encarga de que se cumplan las leyes.

2) El _____ se encarga de que se hagan las casas y edificios.

3) El _____ escribe lo que leemos en los libros.

4) El _____ nos cuida los dientes.

5) HORIZONTAL: Platicamos con el _____ cuando nos sentimos tristes o tenemos problemas con nuestros amigos.

5) VERTICAL: El _____ nos enseña todos los días en la escuela.

6) El _____ nos cura cuando estamos enfermos.

ESCRITOR

INGENIERO

ABOGADO

PROFESOR

PSICÓLOGO

DOCTOR

DENTISTA

Los derechos de los trabajadores

Aprendizaje esperado. Comprende que la historia ocurre en ciertos espacios y en ciertos periodos de tiempo.

El **1° de mayo** se conmemora la lucha por los derechos de los trabajadores de todo el mundo. Sin embargo, estos derechos no se aplican por igual a todos los trabajadores.

1. **Pregunta lo siguiente a un familiar que trabaje. Escribe sus respuestas.**

¿Cuántos días a la semana trabaja? _____

¿Cuántas horas al día trabaja? _____

¿En su trabajo cuenta con servicios de salud? _____

¿Qué es el aguinaldo? _____

¿Lo recibe? _____

¿Le gusta su trabajo? ¿Por qué? _____

_____

¿Qué le gustaría que mejorara en su trabajo? _____

_____

¡Muchas gracias!

2. **Investiga a qué se refiere el artículo 123 de la Constitución Mexicana.**

_____

_____

3. **Escribe si consideras que esas condiciones aplican para todos los trabajadores. Explica tu respuesta.**

_____

_____

_____

Repaso

1. **Dibuja dos derechos de los niños.**

2. **¿Has sido testigo de alguna situación donde no se respete algún derecho de los niños? Explícala en las líneas.**

_____

_____

_____

3. **Completa el párrafo.**

Las _____ son acuerdos que nos dicen lo que se _____

y lo que no se puede. Nos ayudan a vivir _____.

4. **Escribe tres reglas que cumplas en tu vida cotidiana.**

a) _____

b) _____

c) _____

5. Responde las siguientes preguntas.

a) ¿Cuándo se celebra la Revolución Mexicana? _____

b) Explica brevemente por qué se inició la Revolución Mexicana:

_____

_____

c) ¿Cuándo se celebra el Día de la Bandera? _____

d) Explica brevemente qué significa la Bandera de México:

_____

_____

e) ¿Cuándo se celebra la Expropiación Petrolera? _____

f) ¿Qué ocurre gracias a la Expropiación Petrolera? _____

_____

_____

g) ¿Cuándo se celebra el Día del Trabajo? _____

h) ¿Por qué se celebra el Día del Trabajo? _____

_____

_____

6. Describe un desayuno que contenga un menú completo, es decir, que tenga todos los grupos de alimentos.

_____

_____

7. Escribe una _V_ si los enunciados son verdaderos y una _F_ si son falsos.

a) Al golpear, soplar o rasgar se producen vibraciones. _____

b) Todos los sonidos son suaves. _____

c) Las vibraciones llegan a la boca donde se produce el sonido. _____

d) Los sonidos pueden ser agradables o desagradables. _____

e) El sonido de la alarma de un auto es suave y agradable. _____

f) El golpe de un martillo en un clavo es un sonido. _____

Gracias por tu ayuda

Indicadores de logro. Reconoce el apoyo que le brindan personas de su comunidad, agradece y aprecia su trabajo.

1. **Resuelve las siguientes adivinanzas y colorea los dibujos de acuerdo con el color indicado.**

   1) Naranja: Hoy voy a barrer y tu calle limpiaré.

   2) Verde: Tus dientes debes lavar y dos veces al año me tienes que visitar.

   3) Azul: No vayas a robar pues yo te voy a atrapar.

   4) Amarillo: Si te sientes enfermo me tienes que visitar y con un buen medicamento te vas a aliviar.

   5) Rojo: Ante un incendio, mi trabajo es serio. El fuego apago y te dejo a salvo.

a)   b)   c)   d)   e)

2. **Elije uno de los personajes anteriores y escribe por qué es importante su trabajo.**

   _____

   _____

   _____

   > Existen personas que ayudan a los demás al realizar su trabajo, es importante darse cuenta de eso y agradecerlo.

Cómo me siento

Indicadores de logro. Identifica la relación entre pensamientos que provocan emociones y las respectivas sensaciones corporales.

1. Observa el dibujo y escribe cómo se siente cada niño. Utiliza una línea para cada letra. Después, coloréalos.

a) a ____ ____ ____ ____ ____ ____

b) t ____ ____ ____ ____ ____

c) f ____ ____ ____ ____

d) a ____ ____ ____ ____ ____ ____ ____

2. Busca en la sopa de letras el nombre de la emoción que corresponde a cada cara.

J	D	N	M	X	G	U	L	U	D	T	Y
E	D	M	S	O	Y	D	O	M	S	U	Z
P	R	E	O	C	U	P	A	C	I	O	N
P	L	O	J	A	L	E	G	R	I	A	A
E	U	Z	T	K	E	E	J	X	M	C	T
N	V	E	R	G	Ü	E	N	Z	A	A	M
O	G	M	I	E	D	O	F	X	K	L	K
J	A	A	S	V	N	Z	B	R	L	E	X
O	T	K	T	N	U	B	O	L	N	X	K
C	J	O	E	U	J	A	M	E	L	S	Z
P	S	Y	Z	S	L	L	S	E	P	F	E
D	I	F	A	X	U	H	V	W	G	L	L

3. Completa las oraciones de acuerdo con el sentimiento que experimentarías en las situaciones planteadas. Después, escribe las respuestas en el crucigrama de la siguiente página según corresponda.

1) Cuando mis amigos y yo
jugamos me divierto y me siento _____

2) Cuando la maestra me regaña
sin razón me siento _____

3) Cuando me piden que hable frente
a todos mis compañeros me siento _____

4) Cuando un amigo se va
a vivir a otra ciudad me siento _____

5) Cuando no duermo
bien me siento _____

6) Cuando meto un gol
en el partido me siento _____

7) Cuando se va la luz en
la noche y estoy solo me siento _____

Cuido el medio ambiente

Indicadores de logro. Reconoce el medio ambiente como el lugar donde se gesta la vida, y se ve a sí mismo como parte del entorno planetario.

1. Observa las imágenes y realiza lo que se pide.

1) Colorea la imagen que tiene el aire más puro.

2) Escribe en la primera imagen qué tenemos que hacer para evitar la contaminación, y en la segunda cómo podemos conservar el campo limpio.

a)

b)

Debemos cuidar las **áreas verdes** que tenemos en las ciudades porque nos regalan oxígeno.

2. Observa el siguiente dibujo y realiza lo que se pide.

a) Encierra en un círculo de color rojo las actividades que dañan el ambiente.

b) Encierra en un círculo de color verde las actividades que ayudan a cuidarlo.

3. Elije tres de las actividades que encerraste en rojo y explica por qué dañan al medio ambiente.

a) _____

_____

_____

b) _____

_____

_____

c) _____

_____

_____

Me siento bien cuando...

Indicadores de logro. Reconoce y expresa qué acciones generan bienestar y malestar en diferentes escenarios.

1. **Observa estas imágenes y encierra en un círculo las situaciones que te harían sentir bien.**

a)　　b)　　c)　　d)

e)　　f)　　g)　　h)

2. **Responde lo que se pide.**

   a) Selecciona una de las imágenes anteriores y explica por qué te sientes bien en esa situación.

   _____

   _____

   b) Selecciona una de las imágenes anteriores y explica por qué te sientes mal en esa situación.

   _____

   _____

3. **Colorea los letreros que indiquen cómo te sientes cuando alguien te expresa su afecto.**

emocionado　querido　importante　feliz

enojado　sorprendido　apenado

Comparto algunos intereses y gustos con mis compañeros

Indicadores de logro. Reconoce y nombra aspectos que tiene en común con otras personas distintas a él.

1. En la kermés ganaste boletos para escoger tres regalos: una mascota, una pelota y un helado. Marca con una ✗ lo que elegirás.

2. Compara tus respuestas con las de cuatro compañeros.

   a) ¿En qué coincidieron?_____

   b) ¿En qué elección tuvieron más diferencias?_____

   c) ¿Hubo algo que nadie eligiera? _____ ¿Qué fue? _____

   _____

3. Escribe, del lado izquierdo, tres cosas que te gusta hacer y, a la derecha, tres que no.

4. Lee en voz alta lo que escribiste y escucha las respuestas de tus compañeros.

Repaso

1. **Completa las siguientes frases para agradecer su labor a un miembro de la comunidad.**

    a) Veterinario, gracias por: _____

    _____

    b) Maestro, gracias por: _____

    _____

    c) Chofer de autobús, gracias por: _____

    _____

2. **Escribe una situación en la que hayas sentido…**

    a) felicidad: _____

    _____

    b) enojo: _____

    _____

    c) tristeza: _____

    _____

3. **Realiza un dibujo en donde estés cuidando la naturaleza.**

Tomaré una decisión

Indicadores de logro. Identifica las causas y efectos en la toma de decisiones.

1. Lee y analiza lo siguiente.

Se va a elegir al representante del grupo y hay dos candidatos: Federico y Angélica. Él es callado, tiene pocos amigos, es muy observador y cuando tiene que decidir algo se toma su tiempo para pensarlo. Ella es simpática, tiene muchos amigos y siempre está dispuesta a ayudar. Sólo que, cuando se enoja, grita y vocifera.

2. ¿Cuál consideras que es la mejor forma de tomar una decisión? Encierra tu respuesta en un círculo de color rojo.

a) De tin marín de do pingüé.

b) Si sale águila voy a...

c) ¿Qué puede suceder si decido no estudiar?

3. Imagina que estás solo en tu cuarto un poco aburrido. ¿Qué acción realizarías antes de decidir qué hacer para entretenerte?

a) Primero... _____

b) Luego... _____

c) Después... _____

Esto nos hace sentir bien

Indicadores de logro. Reconoce cómo se sienten sus compañeros cuando alguien los trata bien o mal.

1. **Observa las imágenes y lee lo que está escrito debajo de ellas. Colorea las que ayuden a que todos estén bien en el salón de clases.**

a) Pongo atención en clase.

e) Le pongo apodos a mis compañeros.

b) Tiro papeles en el salón.

f) Hablo cuando quiero.

c) Ayudo a mis compañeros.

g) Hago mi tarea.

d) Digo mis opiniones con respeto.

h) No guardo silencio cuando otros hablan.

Bienestar y trato digno hacia otras personas

Cómo me siento

Indicadores de logro. Identifica las situaciones que le generan emociones aflictivas y no aflictivas, y las comparte con los demás.

1. **Une con una línea las frases con la imagen que las representa y escribe si esa situación te provocaría preocupación o tranquilidad.**

a) Mi perro se enfermó.

Siento: _____

b) Terminé toda mi tarea.

Siento: _____

c) Me fue muy bien en el examen.

Siento: _____

d) Perdí mi mochila.

Siento: _____

El que persevera alcanza

Indicadores de logro. Muestra disposición y optimismo ante retos o tareas poco interesantes pero necesarias.

1. Lee lo siguiente.

¡YA SÉ NADAR!

La escuela organizó una excursión para ir a nadar a un río, pero Tomás no pudo ir con sus amigos porque no sabía nadar. Al día siguiente todos comentaron lo bien que la pasaron y el día tan divertido que tuvieron.

Al regresar a su casa, Tomás le pidió a sus papás que lo metieran a clases de natación. Ellos aceptaron, pero le dijeron que tenía que ser constante y no podía faltar. Él aceptó. Todos los días iba al deportivo a practicar.

Había días que hacía mucho frío y otros que no podía jugar con sus hermanos porque tenía que ir a sus clases. El día que más trabajo le costó fue uno en el que regresando cansado a casa tuvo que estudiar para un examen. Pero después de tanto practicar y practicar, sin darse cuenta ¡ya sabía nadar! y no sólo eso, sino que lo hacía muy bien, incluso ganó una medalla durante una competencia.

Fue mucho esfuerzo, pero al final ¡valió la pena!

2. Ordena del 1 al 4 las imágenes de acuerdo con lo que pasó en la lectura.

3. Completa los espacios para saber los esfuerzos que tuvo que hacer Tomás para lograr su meta.

Había días que hacía mucho _____, otros que no podía _____ con sus hermanos porque tenía que ir a sus _____. El día que más trabajo le costó fue uno en el que regresando cansado a casa tuvo que _____ para un examen.

4. Contesta las siguientes preguntas.

   a) ¿Cómo crees que se sintió Tomás cuando escuchó a sus amigos platicar sobre lo bien que la pasaron en su paseo? _____

   ¿Por qué? _____

   b) ¿Fue fácil para Tomás aprender a nadar? _____

   ¿Por qué? _____

   c) ¿Cómo crees que se sintió Tomás cuando se dio cuenta que ya sabía nadar?

   _____

   ¿Por qué? _____

   d) Escribe algo que después de haber practicado ya sepas hacer.

   _____

5. Dibuja la cara de Tomás cuando ganó su medalla.

Te propongo algo

Indicadores de logro. Propone ideas a la maestra y a su familia de nuevas actividades que desearía llevar a cabo.

1. Dibuja un juego que te gustaría proponer a tus compañeros para jugar en el recreo.

2. Escribe qué les dirías para convencerlos de jugarlo.

_____

_____

_____

_____

_____

_____

_____

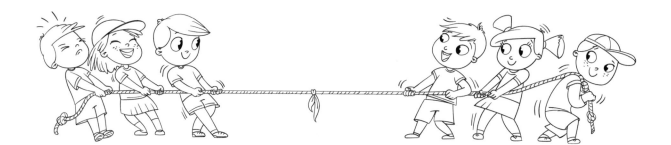

Hoy estoy nervioso

Indicadores de logro. Utiliza de manera autónoma técnicas de atención y regulación de impulsos provocados por emociones aflictivas.

1. **Pepe tuvo un día difícil y le recomendaron dos cosas para relajarse. Realiza cada una y escribe cuál de ellas crees que te puede servir cuando lo necesites.**

   a) Respirar y relajarse.

   - Siéntate en una posición cómoda y reproduce música suave.
   - Inspira profundamente por la nariz y exhala poco a poco por la boca.
   - Coloca una mano sobre tu pecho y la otra sobre el estómago.
   - Observa cuál de los dos se mueve e imagina que es un globo.

   b) Colorear un mandala.

   c) Lo que más me gustó hacer fue: _____

Tomo una decisión

Indicadores de logro. Identifica las causas y efectos en la toma de decisiones.

1. **Héctor tiene un problema. Observa y marca con una ✔ la opción que debería elegir.**

a)

b)

2. **Subraya lo que crees que puede pasar.**

a) Si juega con sus amigos...

- es posible que obtenga una mala calificación.

- puede sacar diez en su examen.

b) Si realiza ejercicios para practicar...

- podrá responder su examen.

- reprobará su examen de manera más fácil.

3. Escribe una V si la afirmación es verdadera o una F si es falsa.

a) Si decide jugar, se va a sentir inseguro en su examen. _____

b) Si decide estudiar, se va a sentir orgulloso por su esfuerzo. _____

c) Si decide jugar, se va a sentir tranquilo al hacer su examen. _____

d) Si decide estudiar, se va a sentir contento por su esfuerzo. _____

Cuando tomas una decisión es importante:
• Analizar qué opciones tienes.
• Considerar qué puede pasar en cada caso.
• Reflexionar sobre cómo te vas a sentir.

4. Mónica tiene un festival de baile el próximo sábado. Debe ensayar para que todo salga bien, pero hoy llegó su prima de visita y no sabe qué hacer. Observa el ejemplo y completa el cuadro sinóptico:

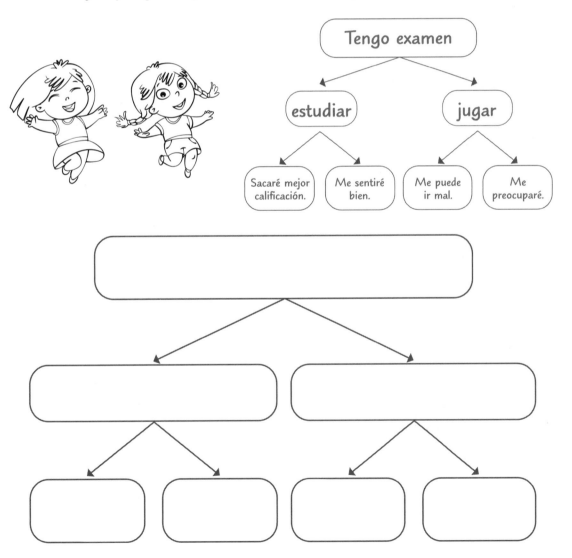

Repaso

1. Escribe una ✔ a las actividades que necesitas practicar para hacerlas bien.

a) Inflar un globo _____   b) Sumar _____   c) Meter goles _____

d) Ver la televisión _____   e) Tener bonita letra _____   f) Andar en bicicleta _____

2. Encierra en un círculo la palabra que complete de mejor manera las siguientes frases:

a) Cuando juego con mis amigos, me siento…

- contento
- angustiado
- triste

b) Cuando una persona me grita, me siento…

- enojado
- angustiado
- temeroso

c) Cuando alguien se equivoca, se siente…

- avergonzado
- feliz
- enojado

d) Cuando alguien olvida la tarea, se siente…

- preocupado
- contento
- triste

Trabajemos juntos

Indicadores de logro. Identifica la manera en que cada uno contribuye positivamente a la consecución de una meta común.

> **Participa** con alegría en lo que te corresponde hacer en casa.

1. Observa la siguiente casa.

2. Reparte a cada miembro de la familia una responsabilidad para que la casa quede limpia y en orden. Fíjate bien que el trabajo de cada quien sea equitativo.

    a) Papá: _____

    b) Mamá: _____

    c) Abuelita: _____

    d) Hija mayor: _____

    e) Hijo de 8 años: _____

    _____

    f) Hija de 5 años: _____

    _____

3. ¿Cómo crees que se sintieron todos cuando vieron su casa limpia?

    _____

    _____

Todos debemos cumplir con lo que nos corresponde

Indicadores de logro. Cumple puntualmente con la tarea específica que le corresponde en un trabajo colaborativo.

1. Observa a los alumnos y encierra en un círculo a la niña o niño que escuchó la indicación de la maestra.

2. ¿Crees que podrán realizar el experimento? _____

   ¿Por qué? _____

   _____

3. Colorea el material que deben llevar los alumnos.

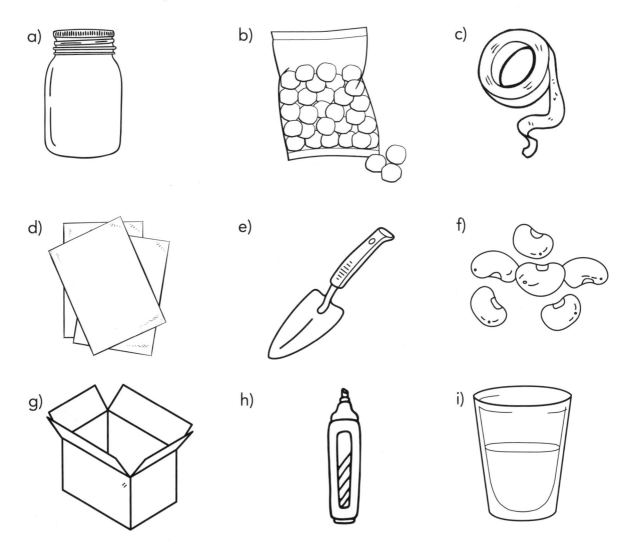

a)

b)

c)

d)

e)

f)

g)

h)

i)

4. Subraya la respuesta correcta.

a) ¿Qué crees que debió hacer Paty para poder cumplir con lo que le pidió la maestra?

- Llevar ella sola todo el material.
- Ponerse de acuerdo con sus amigos para que cada uno lleve algo.
- No llevar nada.

b) ¿Qué pasará si alguien no lleva lo que le tocó?

- Nada
- Todos estarán contentos.
- No podrán realizar el experimento.

c) ¿Por qué es importante que en un equipo todos realicen lo que les corresponde?

- Porque así el trabajo sale bien.
- Porque es correcto.
- Porque si no, la maestra se enoja.

Mi participación es importante

Indicadores de logro. Identifica la manera en que cada uno contribuye positivamente a la consecución de una meta común.

1. Encierra en un círculo todo lo que se necesita para hacer un delicioso pastel.

a)

b)

c)

d)

e)

f)

g)

h)

i)

j)

k)

l)

2. ¿Crees que todos los ingredientes son importantes? ¿Por qué?

_____

_____

_____

Así como se necesitan todos los ingredientes para un pastel, también mi **participación** es necesaria para el bien de todos.

3. **Es cumpleaños del papá y falta poco tiempo para que llegue a cenar con su familia. Observa la imagen y contesta.**

a) Escribe qué integrantes de la familia están ayudando para el festejo.

_____

_____

b) Alguien no ayuda, ¿quién es? _____

c) ¿Cómo se sintió el papá al ver que todos se unieron para festejarlo?

_____

No siempre será fácil participar en actividades para el bien de todos, pero nunca imposible. No te quedes atrás, **participa**.

Solucionemos esto juntos

Indicadores de logro. Establece un diálogo con apoyo de un adulto, con el propósito de llegar a un acuerdo o solución.

1. En la siguiente historia encontrarás un conflicto, identifícalo.

2. ¿Qué fue lo que ocasionó que se mojaran los libros y materiales?

_____

_____

_____

_____

> Tienes un arma muy valiosa contra los malentendidos y se llama **diálogo**.

3. Observa lo que pasó cuando la maestra reunió a los alumnos que se quedaron ordenando y limpiando el salón.

4. ¿Crees que fue uno solo el responsable o todos porque ninguno se fijó?

_____

_____

_____

5. Lo importante es que todos son responsables. ¿Qué sugerirías para reparar el daño?

_____

_____

_____

_____

Honestidad

Ser **honesto** implica actuar siempre con base en la verdad y la justicia.

1. Encierra en un círculo las imágenes que ilustran situaciones con personajes que actúan con honestidad.

a)

Señor, tome, se le cayó su cartera.

Sal a jugar antes de que llegue tu mamá.

No, le prometí que primero terminaba la tarea.

b)

c)

¡No se vale, Luis, estás haciendo trampa!

2. Comenta con tus compañeros las imágenes que elegiste y por qué consideras que en ellas se demuestra honestidad.

3. Colorea el recuadro para indicar si la acción es honesta o no.

Acciones	Sí	No
Reconoces cuando has cometido un error y lo corriges.		
Finges que te duele el estómago para no ir a la escuela.		
Aceptas, sin enojarte, que perdiste una competencia.		
Hablas mal de tu mejor amigo o amiga a sus espaldas.		
Inventas alguna mentira para que no te regañen.		

4. Completa el párrafo con las palabras de los letreros.

Las personas _____

son estimadas y _____

por quienes los rodean. En cambio, a las personas

_____ nadie les

tiene _____.

RESPETADAS

DESHONESTAS

HONESTAS

CONFIANZA

5. Remarca el camino que corresponda a una actitud honesta.

¿Me ayudas a hacer el dibujo?

Claro.

a) Te quedó precioso. Felicidades.

Gracias maestra, lo hice yo solo.

b) Te quedó precioso. Felicidades.

Gracias, maestra, pero lo hicimos Gabriela y yo.

6. Completa las frases.

a) Cuando actúo con honestidad me siento _____ y cuando he sido deshonesto me siento _____.

b) Cuando me entero de que un amigo no ha sido sincero conmigo me siento _____.

Repaso

1. Observa cómo se encuentra el parque de la colonia.

2. Escribe tres acciones que se deben realizar para mejorarlo.

a) _____

b) _____

c) _____

3. Los vecinos se reunieron y acordaron colaborar todos juntos. ¿Qué puedes hacer para ayudar? _____

4. ¿Qué deben hacer para que el parque no vuelva a estar sucio? _____

_____

5. Une con una línea cada frase con la palabra que mejor la complete.

a) Si me comprometo a hacer algo, lo debo…

b) El trabajo de cada uno es muy…

c) Si no estoy de acuerdo con alguien, lo mejor es…

d) Si decido ser honesto, me voy a sentir bien porque los demás me tendrán…

platicar y llegar a un acuerdo.

confianza.

cumplir.

importante.

Respuestas de sección: **Español**

Pág.	Ejer.	Respuestas
9	1	
10	2	
11	3	
12	1	b) c) e)
	2	e) b) c) a) f) d)
13	1	a) ✗ b) ✔ c) ✗ d) ✗ e) ✔ f) ✔
	2	Historia universal: b) d) f) Literatura universal: a) c) e)
	3	Respuesta libre
14	1	a) literario b) informativo c) literario d) informativo e) informativo f) informativo g) literario h) literario
	2	Respuesta libre
15	1	Respuesta libre
16	1	a) c)
	2	Respuesta libre

Pág.	Ejer.	Respuestas
17	1	a) b) e) f) h)
	2	Respuesta libre
18	1	a) barómetro b) cardíaco c) hortaliza d) jicotillo e) marioneta f) rastrillo g) tráquea h) zancudo
19	3	a) Creo que significa: Respuesta libre Según el diccionario significa: Extraordinariamente grande o sobresaliente. Estuve en lo correcto: Respuesta libre b) Creo que significa: Respuesta libre Según el diccionario significa: Elemento o composición para decorar alguna cosa o persona. Estuve en lo correcto: Respuesta libre c) Creo que significa: Respuesta libre Según el diccionario significa: Personas invitadas a una celebración o acontecimiento. Estuve en lo correcto: Respuesta libre
20	1	a) Las Revoluciones b) Las computadoras y la información c) México independiente d) Cuido mi planeta
21	1	a) En un diccionario b) En una revista c) Los libros de cuentos d) En periódicos e) Para encontrar información
22	1	a) Miguel Hidalgo b) Respuesta libre c) La Independencia de México
	2	Respuesta libre
23	3	b) d) e)
	4	Respuesta libre
24	2	a) Hablan sobre los derechos y obligaciones de los niños. b) Respuesta libre. Respuesta ejemplo: en la primera, la explicación es más detallada que en la segunda.
25	3	Respuesta libre
	4	Respuesta libre
26	2	Respuesta libre

Pág.	Ejer.	Respuestas
27	3	**a)** 4 **b)** 7 **c)** 1
	4	Punto y seguido: después de "Veracruz", "ahí" y "oceánica" Punto y aparte después de "peces" Punto final después de "medusas"
28	1	**a)** Entrevista con el encargado del zoológico **b)** Revista National Geographic **c)** Diccionario **d)** Libro "Los leones"
	2	Respuesta libre
29	1	Respuesta libre
30	1	Rojo: *Animales al límite* Azul: Combel editorial Subrayado: Tordjman, Nathalie
	2	**a)** ¿Cuáles son los animales más veloces del mundo? **b)** ¿Qué tipo de árboles hay en la selva? **c)** ¿Cuál es el ave que vuela más rápido?
31	3	Título Principal: La aparición de los dinosaurios. Páginas: 6, 8, 10, 14, 16, 18 Títulos de los temas: Antes de los dinosaurios, ¿Qué es un dinosaurio?, etc.
	4	Respuesta libre. Ejemplo
32	1	**a)** basura / bazura, dará / dara, punto final en vez de coma **b)** se ahorran / seahorran, punto final **c)** reciclar / Reciclar, punto final
33	1	Respuesta libre
35	2	Cinco: Jilguero, vaca, cerdo, pollito y gallina.
	3	Azul: ¡Una noticia! ¡Traigo una gran noticia! ¡Les digo que se trata de algo realmente importante! ¡Ya sé! ¡El cielo se viene abajo! ¡Que sí, de verdad! Rojo: ¿La cigüeña ha vuelto a la Iglesia?, ¿Nos van a dar doble ración de comida?, ¿Qué dices, bobo?
	4	Rojo: **a) e) h) k)** Azul: **c) f) j) m)**
36	1	**c) d)**
	2	**a)** Desarrollo **b)** Conclusiones **c)** Introducción
37	3	Respuesta libre

Pág.	Ejer.	Respuestas
38	1	Diccionario, Ciencia y Biología, Recetario fácil
	2	1, 3, 2, 4 Respuesta libre
	3	Texto literario: **a) c)** Texto informativo: **b) d)**
	4	**a)** oral **b)** texto / escrita **c)** carteles
39	5	**a)** ¿? **b)** ¿? **c)** ¡! **d)** ¡!
	6	**a)** 3 **b)** 4 **c)** 2 **d)** 1
	7	**1)** Triángulo **2)** Cuatro **3)** Croar **4)** Primero **5)** Bravo **6)** Sombrero **7)** Sombrilla **8)** Grande
40	1	**a)** Una fábula
41	1	**b)** Una leyenda **c)** Un cuento
42	1	Portada: Nombre del autor, Editorial, Título del libro Contraportada: Principales acontecimientos, Mención de personajes.
	2	**a)** Contraportada **b)** Portada
43	1	**a)** Una castora vive con su familia… **b)** A una niña le preguntan ¿qué quieres ser?… **c)** En un pueblo hay una plaga de ratones… **d)** Debajo de un puente vivía Mozadientes…
	2	Respuesta Libre
44	3	Luis, Paula, Andrés, Viki, papá de Luis, el pequeño ser astuto.
	4	Respuesta libre
	5	Respuesta libre
45	6	¿Cómo empezó? Luis y sus amigos salieron de excursión con la familia de Viki. ¿Qué pasó después? Luis no encontraba su lámpara y su papá le prestó una para la excursión. Con esa lámpara vieron algo increíble. ¿Cómo terminó? Se hicieron amigos del ser que vieron.
	7	Respuesta libre
46	1	**a)** grande **b)** bonito **c)** verde **d)** viejo **c)** listo **d)** miedoso
	2	Respuesta libre

Pág.	Ejer.	Respuestas
47	1	**a)** Tiene una hemorragia **b)** Fue testigo **c)** Será erradicado **d)** Fue sumergido en el agua
	2	**a)** grandes, fuertes **b)** adornada, tubulares **c)** útiles, grandes **d)** tradicionales, áspero
48	2	**a)** Filotea **b)** Respuesta libre **c)** Respuesta ejemplo: juntó las manos, cerró los ojos y tomó impulso.
49	2	**d)** se puso los lentes protectores **e)** Respuesta libre **f)** Respuesta libre
	3	**a)** Es la enseñanza que nos deja la fábula. **b)** Respuesta ejemplo: No hay que pensar mucho cuando tenemos que hacer algo.
51	2	**a)** joven **b)** De buen agrado **c)** burlona **d)** humilde **e)** Muy esperado **f)** Gran hoguera **g)** Muy brillante **h)** Más brillante **i)** Como una tenue silueta
52	1	Respuesta libre
	2	Respuesta libre
53	3	Respuesta libre
	4	Respuesta libre
54	1	Respuesta libre
55	2	Respuesta libre
56	2	¿Qué letra sigue, Juanito Prieto, después de la "A" en el alfabeto? Y el niño responde sin demora: —Todas las demás letras profesora.
	3	Respuesta libre
57	1	**a)** bajo **b)** feo **c)** seco **d)** alegre **e)** flaco **f)** malo
	2	**a)** insoluble **b)** joven **c)** inactivo **d)** imposible **e)** insatisfecho **f)** incapaz
59	2	El nombre ahora es de niña
	3	Respuesta libre
	4	Respuesta libre
60	2	Respuesta libre

Pág.	Ejer.	Respuestas
61	1	Respuesta libre
	2	**a)** columpiaba-araña veía-resistía **b)** limón-chichón **c)** grillo-cuchillo **d)** pinocho-ocho **e)** selva-Pepa **f)** viaje-equipaje lugar-volar
62	1	Rojo: también-después, amanecer-caracoles Azul: mañana-rana
	2	**a)** comido, dormido, ruido, bebido, partido **b)** colosal, bozal, pastizal, sal **c)** paisaje, peaje, pelaje, carruaje **d)** pelón, telón, molón, colón **e)** cana, rana, plana, lana
63	1	Respuesta libre
	2	**a)** Llévate / limón, / llave **b)** me / lo / corazón.
64	2	Respuesta libre
65	3	Encerrar 7 comas
	4	**a)** un palacio de diamantes, una tienda hecha del día, un rebaño de elefantes, un kiosko de malaquita, un gran manto de tisú y una gentil princesita **b)** un verso, una perla, una pluma
	5	**a)** La coma
	6	**a)** faisán, pato, frutas exóticas, **b)** capa, un vestido larguísimo, joyas hermosas, **c)** películas, obras de teatro,
67	2	**a)** A la heredera de ese país **b)** Porque se quedó en su garganta
	3	El guion largo debe ir después de los nombres de los personajes. Los paréntesis van entre todas las oraciones en letra cursiva.
68	1	Respuesta Libre
69	1	**a)** equipaje **b)** carruaje **c)** patinaje **d)** encaje
	2	ejército, ejemplo, ejercicio, ejecutar
70	1	**a)** cierto **b)** falso **c)** cierto **d)** falso **e)** cierto **f)** cierto
	2	**a)** realidad **b)** fantasía **c)** fantasía **d)** realidad
	3	5, 3, 1, 4, 2
	4	Respuesta libre

Pág.	Ejer.	Respuestas
71	5	**a)** lento **b)** separar **c)** injusto **d)** enemigo **e)** impropio
	6	**a)** coma **b)** coplas **c)** tónica **d)** asonante **e)** consonante
	7	**b)**
	8	**a)** eje **b)** aje **c)** eje **d)** aje
72	1	Encerrar: Pedro, Ana, González, Fido y Rosa Marcar con ✖: flor, mapache, lámpara, girasol y lluvia
	2	Respuesta libre
73	3	**a)** sol **b)** globos **c)** Nombre femenino **d)** Nombre de mascota
	4	Respuesta libre
74	1	Respuesta libre
75	2	Respuesta libre
	3	**a)** Respuesta libre **b)** al Registro Civil **c)** Tramitar mi pasaporte, inscribirse en la escuela.
76	1	Respuesta libre
	2	**a) c) d) f) h)**
77	3	Respuesta libre
	4	Subrayar: **a) c) d) e)**
	5	Respuesta libre
78	2	**a)** Jamaica, agua, azúcar **b)** Remojar las flores de Jamaica… **c)** Colar las flores y dejar el agua…
79	3	Chaquiras y popotes, cuentas para ensartar de tres o más colores diferentes, Hilo resorte transparente.
	4	**a)** 2 **b)** 3 **c)** 1
80	1	Rojo: **b) e) g) j)** Azul: **a) c) f) h) i)** Verde: **d)**
	2	Respuesta libre
81	3	Nombre: **d)** Ingredientes: **b) e) g) j)** Procedimiento: **f) c) h) i) a)**
	4	Respuesta libre
82	1	**a)** Agua de Jamaica **b)** Taquitos de jamón y manzana **c)** Respuesta Libre
	2	**b)** Golden grandes **c)** Grandes y delgadas de jamón **d)** largos de madera

Pág.	Ejer.	Respuestas
83	1	**a) d)**
	2	**a)** Reglamento escolar **b)** Reglamento de juego **c)** Reglamento de alberca **d)** Reglamento de tránsito
84	1	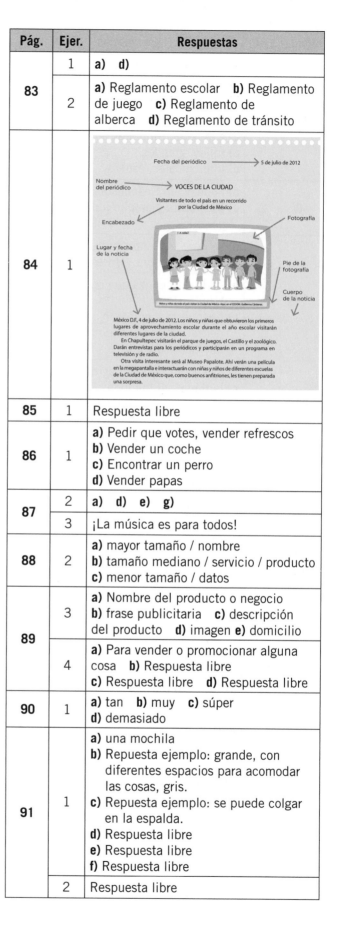
85	1	Respuesta libre
86	1	**a)** Pedir que votes, vender refrescos **b)** Vender un coche **c)** Encontrar un perro **d)** Vender papas
87	2	**a) d) e) g)**
	3	¡La música es para todos!
88	2	**a)** mayor tamaño / nombre **b)** tamaño mediano / servicio / producto **c)** menor tamaño / datos
89	3	**a)** Nombre del producto o negocio **b)** frase publicitaria **c)** descripción del producto **d)** imagen **e)** domicilio
	4	**a)** Para vender o promocionar alguna cosa **b)** Respuesta libre **c)** Respuesta libre **d)** Respuesta libre
90	1	**a)** tan **b)** muy **c)** súper **d)** demasiado
91	1	**a)** una mochila **b)** Repuesta ejemplo: grande, con diferentes espacios para acomodar las cosas, gris. **c)** Repuesta ejemplo: se puede colgar en la espalda. **d)** Respuesta libre **e)** Respuesta libre **f)** Respuesta libre
	2	Respuesta libre

Pág.	Ejer.	Respuestas
92	1	**a)** Se hacen trabajos de plomería y albañilería en el interior 105. Se componen toda clase de aparatos eléctricos. **b)** ¿Trabaja? ¿No puede recoger a sus niños de la escuela? Nosotros le ayudamos y le damos de comer. Éste es el lugar ideal para sus pequeños. Juegos y diversión en un lugar seguro, pregunte por nuestras promociones. **c)** Animación para fiestas infantiles, payasos, magos o personajes de películas. Vea nuestro catálogo y elija
93	2	**a)** vender tenis **b)** 			Tenis Cacli Respuesta ejemplo:	Tenis Tigre Respuesta ejemplo:	La imagen es:	Grande, llamativa	No tiene imagen	Las letras son:	De diferentes tipos y tamaños	Todas del mismo tamaño e iguales	El mensaje es:	Atractivo, creativo	Sencillo, simple, claro, corto	 **c)** Respuesta libre
94	1	**a)** glo **b)** bre **c)** cró **d)** flo **e)** cla **f)** dri **g)** cle **h)** plu **i)** dre **j)** dra **k)** ble **l)** cre **m)** bri **n)** blu **o)** tro **p)** ble
95	1	
95	2	**a)** qu **b)** c **c)** c **d)** qu **e)** c **f)** c

Tabla del ejercicio 93 (b):

	Tenis Cacli Respuesta ejemplo:	Tenis Tigre Respuesta ejemplo:
La imagen es:	Grande, llamativa	No tiene imagen
Las letras son:	De diferentes tipos y tamaños	Todas del mismo tamaño e iguales
El mensaje es:	Atractivo, creativo	Sencillo, simple, claro, corto

Sopa de letras (Pág. 95, Ejer. 1):

Q	O	L	E	V	U	H	A	C
C	U	C	H	A	C	T	A	A
U	R	Í	Q	Q	E	E	M	R
B	I	O	M	U	O	O	U	L
E	A	S	Q	I	E	O	A	L
T	L	A	A	L	C	S	I	A
A	R	Q	A	L	M	A	O	A
C	A	M	A	A	D	F	L	H
A	C	O	L	C	H	O	N	A

Pág.	Ejer.	Respuestas
96	1	Maya _____ Náhuatl _ _ _ _ _ _ _ Mixteco .... Huichol ∿∿∿∿
96	2	**a)** Maya _____: Chiapas, Tabasco, Yucatán, Quintana Roo, Campeche **b)** Náhuatl _ _ _ _ _ _ _: Puebla, Hidalgo, Guerrero, Morelos, Tlaxcala, Estado de México, Ciudad de México **c)** Mixteco ....: Oaxaca, Puebla, Guerrero **d)** Huichol ∿∿∿∿: Nayarit, Durango, Jalisco, Zacatecas
97	3	**a)** Mayas **b)** Zapotecos **c)** Huicholes **d)** Nahuas **e)** Otomíes **f)** Tarahumaras **g)** Mazahuas **h)** Lacandones **i)** Mixtecos
97	4	**a)** papalote **b)** chocolate **c)** elote **d)** aguacate
98	1	Respuesta libre
98	2	Respuesta libre
98	3	**a)** azul, inglés **b)** rojo, maya **c)** azul, francés **d)** rojo, náhuatl **e)** rojo, náhuatl **f)** azul, inglés **g)** rojo, maya **h)** azul, francés
99	1	Rojo: Paty, Álvaro Obregón, Ruffles, Dr. Gálvez Verde: mamá, parque, estatua, perros, metrobús, estación, casa
99	2	**a)** documentos **b)** sexo / lugar / nacimiento **c)** inscripción
99	3	**a)** nombre del producto **b)** materiales o ingredientes **c)** procedimiento
99	4	**a)** infinitivo **b)** conjugado **c)** infinitivo **d)** conjugado **e)** infinitivo **f)** conjugado
100	5	**b)** **d)**
100	6	Quién lo vende, Teléfono o dirección, Nombre del artículo, Descripción del artículo
100	7	Respuesta libre
100	8	**a)** chocolate **b)** elotl **c)** bread

Respuestas de sección: **Matemáticas**

Pág.	Ejer.	Respuestas
101	1	**a)** una hormiga **b)** 100 **c)** 1 **d)** 31, 32, 33, 34, 35 **e)** 29, 28, 27, 26, 25
102	1	**b)** 1-9 **c)** 4-0
103	1	**d)** 1-8 **e)** 3-8 **f)** 2-6
104	2	**a)**-j) **b)**-g) **c)**-f) **d)**-i) **e)**-h)
105	3	**b)** 15 **c)** 44 **d)** 12 **e)** 6 **f)** 22 **g)** 95 **h)** 100 **i)** 18 **j)** 73
105	4	**a)** dieciséis **b)** ochenta y siete **c)** sesenta y siete **d)** setenta **e)** veintiocho **f)** treinta y siete **g)** noventa y nueve **h)** veintiséis **i)** cincuenta y tres **j)** cuarenta y uno
106	1	
107	2	
107	3	Respuesta libre
108	1	**b)** 15 **c)** 14 **d)** 8 **e)** 12 **f)** 14 **g)** 7 **h)** 17
109	1	
109	2	**a)** Amaury **b)** Emilio **c)** David, Juan Carlos, Diego, Tomás y Amaury **d)** Emilio y Luis
110	1	**a)** 35 **b)** 91 **c)** 78 **d)** 67 **e)** 48 **f)** 26 **g)** 69 **h)** 92 **i)** 37 **j)** 89 **k)** 49 **l)** 78 **m)** 56 **n)** 78 **o)** 90 **p)** 68 **q)** 57 **r)** 49 **s)** 29 **t)** 78

Pág.	Ejer.	Respuestas
111	2	**a)** 39 **b)** 88 **c)** 26 **d)** 87 **e)** 39 **f)** 22 **g)** 79 **h)** 55 **i)** 38 **j)** 19 **k)** 57 **l)** 60 **m)** 77 **n)** 28 **o)** 97
112	1	Febrero, Marzo, Abril, Mayo, Julio, Agosto, Septiembre, Octubre, Noviembre
113	2	**a)** febrero **b)** abril, junio, septiembre y noviembre **c)** enero, marzo, mayo, julio, agosto, octubre y diciembre **d)** Respuesta libre **e)** mayo **f)** Respuesta libre **g)** 365 **h)** diciembre **i)** lunes, martes, miércoles, jueves, viernes, sábado y domingo
114	1	**a)** $8 **b)** 5 **c)** $24 **d)** $37 **e)** $2, $6, $8, $11, $12 y $25
115	1	**a)** **b)** **c)** **d)** **e)**

Pág.	Ejer.	Respuestas
116	1	**a)** 10 **b)** 30 **c)** 60 **d)** 100
	2	**a)** 40 **b)** 60 **c)** 99 **d)** 89
	3	**b)** veinte **c)** setenta **d)** dieciséis **e)** treinta y cinco **f)** veintitrés **g)** veintiséis **h)** cincuenta
	4	**b)** cero **c)** diecinueve **d)** cincuenta y ocho **e)** nueve **f)** sesenta y nueve **g)** veintitrés **h)** cuarenta y siete
117	1	**b)** 62 < 72 **c)** 7 = 7 **d)** 46 > 26 **e)** 92 > 91 **f)** 75 < 80 **g)** 73 > 13 **h)** 100 > 90 **i)** 16 < 57 **j)** 31 = 31
118	1	**a)** 50 **b)** 8 Colorear: **a)** **c)** 10 **d)** 12 Colorear: **d)**
119	2	**a)** $30, **b)** Respuesta sugerida: **c)** Respuesta sugerida: **d)** Respuesta sugerida:
120	1 y 2	
	3	**a)** Más de 20 cuadros **b)** Respuestas libres
	4	El camino más corto.
121	2	**a)** 6 **b)** 5 **c)** 6 **d)** 9
122	1	**b)** 2 **c)** 3 **d)** 5 **e)** 7 **f)** 6 **g)** 1 **h)** 2 **i)** 8 **j)** 4 **k)** 2 **l)** 1

Pág.	Ejer.	Respuestas
123	1	**a)** 25 **b)** 96 **c)** 71 **d)** 51 **e)** 42 **f)** 20 **g)** 61 **h)** 91 **i)** 32 **j)** 84 **k)** 22 **l)** 24 **m)** 1 **n)** 61 **o)** 12 **p)** 33 **q)** 41 **r)** 53 **s)** 20 **t)** 2 **u)** 29 **v)** 11
124	1	**b)** 21 **c)** 38 **d)** 32 **e)** 1 **f)** 22 **g)** 10 **h)** 42 **a)** uno **b)** diez **c)** veintiuno **d)** veintidós **e)** treinta y dos **f)** treinta y ocho **g)** cuarenta y dos **h)** cuarenta y ocho
125	1	**a)** 20 **b)** 63 **c)** 33
126	1	**a)** 27 − 14, 13 pulseras **b)** 66 + 22, 88 pelotas **c)** 75 − 25 +10, 60 canicas
	2	**a)** 77, 24, 22
127	2	**a)** 4 kg **b)** 6 kg **c)** 9 kg
	3	**a)** La sandía **b)** 3 kg **c)** pesan igual
128	1	**a)** Hay 2 grupos de 3 / 2 veces 3 **b)** Hay 3 grupos de 5 / 3 veces 5 **c)** Hay 2 grupos de 5 / 2 veces 5 **d)** Hay 3 grupos de 4 / 3 veces 4
129	1	**e)** Hay 5 grupos de 4 / 5 veces 4 **f)** Hay 8 grupos de 6 / 8 veces 6 **g)** Hay 4 grupos de 9 / 4 veces 9 **h)** Hay 9 grupos de 7 / 9 veces 7
130	1	**b)** veintiséis / 2 decenas, 6 unidades **c)** noventa / 9 decenas, 0 unidades. **d)** cuarenta y uno / 4 decenas, 1 unidad **e)** catorce / 1 decena, 4 unidades **f)** dieciséis / 1 decena, 6 unidades
	2	**a)** 97 > 19 **b)** 79 = 79 **c)** 74 = 74 **d)** 99 = 99 **e)** 12 < 89 **f)** 21 < 32

Pág.	Ejer.	Respuestas
131	3	a) días / meses b) Marzo c) calendario d) Febrero e) enero
	4	
132	1	b) 3-2-2 c) 5-2-9 d) 1-6-8
133	1	e) 4-1-5 f) 3-4-0 g) 8-1-1 h) 6-0-6 i) 7-3-2 j) 0-9-8 k) 5-5-5 l) 9-0-0
134	2	b) 30-9 c) 800-70-8 d) 500-80–1 e) 700-2 f) 100-50-3 g) 900-60-5 h) 400-8 i) 300-30-3 j) 500-2 k) 200-60-9 l) 600-8 m) 900-70-5
135	3	a) 9, 11, 12, 13, 14 b) 69, 70, 71, 72, 74 c) 127, 128, 130, 131, 132, 133 d) 453, 454, 455, 457, 458, 459 e) 993, 994, 995, 996, 998
	4	1, 23, 49, 98, 178, 313, 555, 556, 632, 728
136	1	a) rectángulo b) círculo c) rombo d) triángulo e) cuadrado f) pentágono
	2	
137	1	a) 4 lados y 4 vértices b) 3 lados y 3 vértices c) 4 lados y 4 vértices d) 5 lados y 5 vértices
	2	Azul: d) f) Verde: a) b)
138	1	b) 600 c) 900 d) 700 e) 500 f) 300 g) 100 h) 500 i) 600 j) 900 k) 500 l) 400 m) 900 n) 800 o) 200

Pág.	Ejer.	Respuestas
139	2	a) 200 b) 300 c) 400 d) 500 e) 600 f) 700 g) 800 h) 900 i) 500 j) 900 k) 400 l) 600 m) 592 n) 569 o) 894 p) 959 q) 656 r) 759 s) 987 t) 966 u) 599 v) 978
140	1	a) $150 b) $750 c) $250 d) $300 e) $ 500 f) $850
141	2	a) pelota b) oso c) tren
	3	b) $50 + $50 c) $50 + $50 + 100 d) $100 + $200 + $200 e) $100 + $100 + $100 + $100 + $ 100 f) $50 + $50 + $50 + $50
142	1	b) ℓ c) ml d) ml e) ℓ f) ml
143	2	a) ml b) ℓ c) ℓ d) ml e) ml f) ml g) ℓ h) ml
144	1	a) 597 b) 756 c) 969 d) 888
145	1	a) 700, 600, 500, 400, 300, 200, 100, 0 b) 970, 960, 950, 940, 930, 920, 910, 900 c) 997, 996, 995, 994, 993, 992, 991, 990
	2	a) 300, 600, 500, 0, 700, 200, 400, 100 b) 350, 570, 810, 240, 130, 420, 700, 650 c) 942, 286, 138, 343, 864, 291, 470, 635
146	3	a) 110 b) 420 c) 1 d) 105 e) 512 f) 106 g) 20 h) 381 i) 310 j) 404 k) 352 l) 134 m) 30 n) 152 o) 192 p) 143 q) 130 r) 203 s) 20 t) 32 u) 513 v) 311
147	4	a) 500 b) 100 c) 800 d) 200 e) 600 f) 103 g) 20 h) 300
148	1	a) cubo b) cilindro c) pirámide d) esfera
149	1	verde: b) d) g) rojo: c) e) h) i) azul: a) f)
150	1	a) 412 b) 534 c) 230 d) 430
151	1	a) 268, 340, en la tarde b) 120, 689, 113, 996

Pág.	Ejer.	Respuestas
152	1	**a)** 1, 9, 6, 8, 5, 4, 7, 3, 2, 10 **b)** 10, 16, 6, 14, 20, 12, 8, 4, 18, 2 **c)** 24, 21, 9, 18, 15, 12, 6, 3, 27, 30 **d)** 40, 36, 20, 28, 32, 24, 16, 12, 8, 4
153	1	**e)** 5, 45, 25, 40, 15, 50, 35, 20, 10, 30 **f)** 36, 48, 18, 54, 30, 6, 60, 12, 24, 42 **g)** 7, 49, 21, 42, 35, 28, 70, 14, 63, 56 **h)** 64, 16, 56, 32, 72, 48, 24, 8, 40, 80 **i)** 9, 63, 27, 54, 90, 36, 18, 72, 81, 45 **j)** 100, 20, 90, 40, 70, 60, 50, 80, 30, 10
154	2	 Tabla del 8
154	3	**a)** 8, 7, 30 **b)** 8, 7, 56 **c)** 9, 3, 45 **d)** 7, 4, 49 **e)** 5, 2, 12 **f)** 9, 1, 24 **g)** 4, 5, 54 **h)** 7, 8, 21 **i)** 7, 2, 40
155	4	**a)** **b)** **c)**
156	1	**a)** 4 × 2 = 8 **b)** 5 × 3 = 15
157	1	**c)** 3 × 4 = 12 **d)** 8 × 7 = 56

Pág.	Ejer.	Respuestas
158	1	**b)** cuatrocientos sesenta y siete / 4 centenas, 6 decenas y 7 unidades **c)** 940 / 9 centenas, 4 decenas y 0 unidades **d)** 126 / ciento veintiséis **e)** ochocientos dieciocho / 8 centenas, 1 decena y 8 unidades **f)** 205 / 2 centenas, 0 decenas y 5 unidades **g)** 550 / quinientos cincuenta **h)** seiscientos uno / 6 centenas, 0 decenas y 1 unidad

158	2	**a)** 919 **b)** 640 **c)** 64
		azul: **a)** rojo: **c)**
		    d) 112 **e)** 42 **f)** 939
		azul: **f)** rojo: **e)**
		    g) 36 **h)** 788 **i)** 212
		azul: **h)** rojo: **g)**

159	3	**a)** alberca **b)** un lápiz **c)** 779 m **d)** 7 × 4
159	4	**a)** 4 prismas **b)** 8 cubos **c)** $300
160	1	**b)** 789 **c)** 201 **d)** 591 **e)** 160 **f)** 300 **g)** 951 **h)** 311 **i)** 700 **j)** 110 **k)** 471 **l)** 900
160	2	**b)** 542 **c)** 386 **d)** 399 **e)** 864 **f)** 749 **g)** 230 **h)** 999 **i)** 669 **j)** 99 **k)** 540 **l)** 199
161	1	**b)** > **c)** < **d)** > **e)** = **f)** < **g)** < **h)** = **i)** > **j)** < **k)** < **l)** =
161	2	Respuestas libres a excepción de: **b)** 569 **e)** 291 **h)** 1000 **k)** 333
162	1	**a)** 193 **b)** 760 **c)** 883 **d)** 664 **e)** 861 **f)** 886 **g)** 720 **h)** 660 **i)** 891 **j)** 751 **k)** 910 **l)** 980 **m)** 880 **n)** 781 **o)** 892
163	2	**a)** 629 **b)** 890 **c)** 785 **d)** 501 **e)** 766 **f)** 460 **g)** 908 **h)** 280 **i)** 850 **j)** 350
164	1	**a)** 9 cm **b)** 3 cm **c)** 7 cm **d)** 4 cm **e)** el cuchillo
165	2	**a)** 11 cm **b)** 6 cm **c)** 8 cm **d)** 4 cm **e)** 4 cm
166	1	**a)** 670 **b)** 549 **c)** 893 **d)** 769 **e)** 840 **f)** 778 **g)** 726 **h)** 749 **i)** 920 **j)** 700 **k)** 381 **l)** 526

Pág.	Ejer.	Respuestas
167	1	a) 55 b) 80 c) 100 d) 190 e) 220 f) 230 g) 250 h) 300 i) 360 j) 385
168	1	a) 119 b) 439 c) 539 d) 228 e) 331 f) 127 g) 238 h) 139 i) 229 j) 316 k) 435 l) 428 m) 419 n) 219 o) 226
169	2	a) 459 > 182 b) 211 < 510 c) 84 > 68 d) 140 < 254 e) 8 = 8 f) 337 < 747 g) 408 > 211 h) 264 = 264
170	1	a) $964 b) $198 c) $155
171	1	d) $115 e) 653 f) 186
171	2	Un pay de limón, una tarta de manzana o una gelatina
171	3	Un pay de limón y una tarta de manzana, o una tarta de manzana y una gelatina de mango
172	1	b) 5:00 cinco en punto c) 7:00 siete en punto d) 1:00 una en punto e) 11:00 once en punto f) 9:00 nueve en punto
173	2	a) tres y media b) cinco y cuarto c) seis y cuarto d) once y media e) ocho y cuarto f) cinco y media g) dos y cuarto h) siete y cuarto i) una y media
174	1	a) 230 b) 186 c) 156 d) 486 e) 170 f) 220 g) 222 h) 246 i) 146 j) 360
175	2	a) 328 b) 204 c) 450 d) 644 e) 64 f) 265 g) 492 h) 136 i) 252 j) 343
176	1	a) 216, 117, 423 b) 96, 52, 188 c) 168, 91, 329 d) 48, 26, 94
176	2	a) 230 b) 480 c) 216
177	2	a) 7 / 7 b) 7 c) 2 d) 10
177	3	a) F b) V c) V

Pág.	Ejer.	Respuestas
178	1	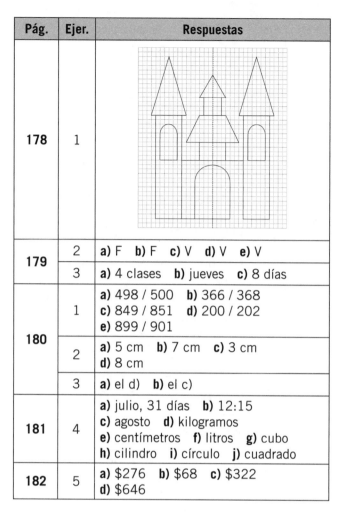
179	2	a) F b) F c) V d) V e) V
179	3	a) 4 clases b) jueves c) 8 días
180	1	a) 498 / 500 b) 366 / 368 c) 849 / 851 d) 200 / 202 e) 899 / 901
180	2	a) 5 cm b) 7 cm c) 3 cm d) 8 cm
180	3	a) el d) b) el c)
181	4	a) julio, 31 días b) 12:15 c) agosto d) kilogramos e) centímetros f) litros g) cubo h) cilindro i) círculo j) cuadrado
182	5	a) $276 b) $68 c) $322 d) $646

Pág.	Ejer.	Respuestas
183	1	Respuesta libre
	2	Respuesta libre
	3	Respuesta libre
	4	Respuesta libre
184	1	Respuesta libre
	2	Respuesta libre
185	1	Sol, Mercurio, Venus, Tierra, Marte, Júpiter, Saturno, Urano, Neptuno
	2	luz / Sol / brillante / día / estrellas
	3	Respuesta libre
186	1	**a)** día **b)** noche
	2	Respuesta libre
187	1	**a)** F **b)** V **c)** F **d)** F **e)** V **f)** F
	2	Respuesta libre
	3	Armstrong / humano / Luna / astronautas / cohete / Apolo 11
	4	estrellas / astros / universo / luz / calor
188	1	**a)** luna **b)** sol
	2	Respuesta libre
	3	Respuesta libre
189	1	Respuesta libre
	2	Los dibujos son libres. Las fechas de inicio de cada estación son: **primavera**: 21 de marzo **verano**: 21 de junio **otoño**: 21 de septiembre **invierno**: 21 de diciembre
190	1	Respuestas sugeridas: primavera: nacen las flores verano: hace calor otoño: se caen las hojas invierno: hace frío
	2	**a)** verano **b)** primavera **c)** otoño **d)** invierno
	3	**a)** Nos vestimos para el frío o el calor y comemos alimentos de temporada. **b)** Florecen en primavera y en verano. En otoño las hojas se caen y en invierno se secan. **c)** Algunos cambian de pelaje y otros hibernan.
191	1	**1)** vista **2)** gusto **3)** olfato **4)** tacto **5)** oído
	2	Respuesta libre

Pág.	Ejer.	Respuestas
192	3	**a)** olfato **b)** tacto **c)** vista **d)** oído **e)** gusto **f)** tacto **g)** olfato **h)** vista **i)** oído **j)** gusto
	4	**a)** Niño sin lentes **b)** Niña con audífonos **c)** Niño con el lápiz dentro de la nariz **d)** Niña sin guantes
193	5	**a)** No / vista **b)** No / olfato **c)** No / vista **d)** No / vista **e)** No / tacto **f)** Sí / oído **g)** Sí / olfato **h)** No / vista **i)** Sí / olfato **j)** Sí / gusto **k)** No / gusto **l)** No / tacto **m)** No / tacto **n)** Sí / vista **o)** No / oído
194	1	**a)** un bastón **b)** una silla de ruedas **c)** aparatos auxiliares auditivos **d)** señas
195	1	Azul: **a)** **e)** **i)** **j)** **n)** Rojo: **c)** **f)** **h)** **k)** **m)** Verde: **b)** **d)** **g)** **l)** **o)**
	2	**a)** grande **b)** mediano **c)** pequeño **d)** grande **e)** pequeño **f)** mediano **g)** grande **h)** pequeño
196	1	**a)** pequeña **b)** el elefante **c)** la abeja **d)** el elefante **e)** grande
	2	**a)** ballena **b)** oso polar **c)** cerdo **d)** gato **e)** cuyo **f)** mosca
	3	Respuesta libre
197	1	**a)** pez / agua / nadando /plancton **b)** león / la tierra / caminando /carne **c)** ballena / el agua / nadando / plancton **d)** mono / la tierra / caminando / fruta **e)** tortuga / el agua / nadando / coral **f)** serpiente / la tierra / arrastrando / roedores o aves
198	1	Respuesta libre
	2	**a)** cola y aletas **b)** dientes **c)** alas **d)** antenas **e)** lengua **f)** patas
199	1	Respuesta libre
	2	**a)** pequeño **b)** grande **c)** pequeño
200	1	**a)** playa **b)** desierto **c)** selva
	2	**a)** calor / mucho / rico / muchas **b)** frío / mucho / rico / muchas **c)** calor / poco / pobre / pocas

Pág.	Ejer.	Respuestas
201	1	Verde: **b)** **e)** **j)** Rojo: **a)** **c)** **d)** **f)** **g)** **h)** **i)** **k)** **l)**
202	2	**a)** Los animales del mar sufren. **b)** Se contamina el agua. **c)** Se desperdicia el agua. **d)** Se acaban los bosques. **e)** Se contamina el aire.
202	3	Verde: **a)** **d)** **f)** **l)** **o)** Azul: **b)** **e)** **g)** **j)** **m)** **n)** Rojo: **c)** **h)** **i)** **k)** **p)**
203	4	**a)** reciclar **b)** reducir **c)** reusar
203	5	Respuesta libre
203	6	Las 3R
204	7	Respuesta libre
204	8	Respuesta libre
204	9	Respuesta libre
205	1	Respuesta libre
205	2	Tierra / 24 / día / Sol / oscuridad / noche / rotación
205	3	Respuesta libre
205	4	**a)** vista-ojos **b)** oído-orejas **c)** tacto-manos **d)** gusto-lengua **e)** olfato-nariz
206	5	Respuesta libre
206	6	**a)** pulga **b)** catarina **c)** mariposa **d)** ardilla **e)** gato **f)** tortuga **g)** venado **h)** búfalo **i)** elefante **j)** ballena
206	7	Azul: tortuga, ballena Verde: pulga, catarina, mariposa, ardilla, gato, venado, búfalo, elefante.
206	8	**a)** V **b)** F **c)** V **d)** V **e)** F **f)** F **g)** V
207	1	Respuesta libre
207	2	**a)** urbana **b)** rural **c)** rural **d)** urbana
207	3	Respuesta libre
208	1	De izquierda a derecha: **j)** **i)** **m)** **n)** **o)** **a)** **e)** **f)** **c)** **g)** **k)** **b)** **h)** **d)** **l)**
209	2	Respuesta libre
209	3	Respuesta libre
210	1	Respuesta libre
210	2	Respuesta libre
210	3	Respuesta libre
211	1	Respuesta libre
211	2	Respuesta libre
212	1	**a)** 12 de diciembre **b)** 24 de febrero **c)** 28 de diciembre **d)** 10 de mayo **e)** 21 de marzo **f)** 1° y 2 de noviembre **g)** 24 y 25 de diciembre **h)** 16 de septiembre **i)** 1° de enero
212	2	Respuesta libre
213	3	Respuesta libre
213	4	Respuesta libre
213	5	Respuesta libre
214	6	Respuesta libre
214	7	Respuesta libre
214	8	Respuesta libre
214	9	Respuesta libre
215	1	Respuesta libre
215	2	Respuesta libre
215	3	Respuesta libre
216	1	Respuesta libre
216	2	Respuesta libre
216	3	Respuesta libre
216	4	Respuesta libre
217	1	Respuesta libre
217	2	**a)** Chapultepec significa Cerro del Chapulín. **b)** Se encuentra en la Ciudad de México.
217	3	Héroes / cadetes / Chapultepec / septiembre / americana
218	1	**b)** **c)** **f)** **i)** **k)** **l)**
218	2	Agustín Melgar, Juan Escutia, Francisco Márquez, Vicente Suárez, Fernando Montes de Oca, Juan de la Barrera
218	3	Monumento a los Niños Héroes

Pág.	Ejer.	Respuestas
219	1	**a)** líquido **b)** sólido **c)** gaseoso
	2	Azul: **a)** **d)** **g)** **j)** **l)** Rojo: **c)** **h)** **k)** Amarillo: **b)** **e)** **f)** **i)**
220	2	**a)** se hizo sólida **b)** se hizo líquida **c)** frío **d)** calor
	3	**a)** agua **b)** vapor **c)** líquido **d)** hielo
221	4	Respuesta libre
	5	Respuesta libre
222	1	Respuesta libre
	2	Respuesta libre
	3	Respuesta libre
	4	Respuesta libre
223	5	Respuesta libre
	6	Respuesta libre
	7	Respuesta libre
224	8	Respuesta libre
	9	Respuesta libre
	10	Respuesta libre
	11	Respuesta libre
225	12	**a)** AH **b)** AH **c)** AH **d)** AH **e)** AH **f)** AH **g)** AH **h)** AH **i)** AH **j)** AH **k)** AH **l)** AH **m)** AH **n)** AH
226	13	
227	1	**a)** Población que vive en la ciudad **b)** Población que vive en el campo
	2	Respuesta libre
	3	Respuesta libre
	4	Respuesta libre
	5	Respuesta libre

Pág.	Ejer.	Respuestas
228	6	**a)** F **b)** V **c)** V **d)** F **e)** V
	7	Sólido: **a)** **c)** **h)** Líquido: **d)** **e)** **i)** Gaseoso: **b)** **f)** **g)**
	8	Respuesta libre
229	1	**a)** Porfirio Díaz **b)** Para quitar del poder a Porfirio Díaz **c)** 20 de noviembre 1910 **d)** Francisco I. Madero, Francisco Villa, Venustiano Carranza y Emiliano Zapata
	2	
230	1	Marcar el 20 de noviembre
	2	Respuesta libre
	3	Respuesta libre
	4	Respuesta libre
231	1	Respuesta libre
	2	Respuesta libre
	3	Respuesta libre
232	4	Respuesta libre
	5	Respuesta libre
	6	Respuesta libre
233	7	Respuesta libre
	8	Respuesta libre
	9	Respuesta libre
	10	Respuesta libre
234	11	Respuesta libre
	12	Respuesta libre
	13	Respuesta libre
	14	Respuesta libre
235	15	Verde: **a)** **d)** **e)** **f)** **j)** **k)** **m)** **n)** Azul: **b)** **c)** **g)** **h)** **i)** **l)** **o)**
	16	**b)**

Pág.	Ejer.	Respuestas
236	1	frutas y verduras / leguminosas y alimentos de origen animal / cereales.
	2	Respuesta libre
	3	**a)** ✔ **b)** ✔ **c)** ✘ **d)** ✘
237	1	**a)** y **b)** en el mástil **c)** en la pared
	2	**a)** verde: Independencia **b)** blanco: La Iglesia Católica **c)** rojo: Unión entre europeos y americanos
238	1	Marcar 24 de febrero
	2	Respuesta libre
	3	Respuesta libre
	4	Respuesta libre
239	1	**a)** molesto **b)** molesto **c)** agradable **d)** molesto **e)** agradable **f)** molesto
	2	**a)** F **b)** F **c)** S **d)** F **e)** S **f)** F **g)** S **h)** S
240	3	Respuesta libre
	4	Respuesta libre
	5	Respuesta libre
241	1	**1)** violín **2)** trompeta **3)** marimba **4)** maracas **5)** batería **6)** piano
242	1	**a)** Ingleses y estadounidenses **b)** Decidió expropiar el petróleo **c)** Se unió para apoyar al presidente
	2	Respuesta libre
	3	Respuesta libre
243	4	Encerrar el 18 de marzo
	5	recurso / combustible / electricidad / transporte
	6	Respuesta libre
	7	Respuesta libre
244	1	**b) c) d) g)**
	2	**a) c) f) g) h)**

Pág.	Ejer.	Respuestas
245	3	Respuesta libre
	4	Respuesta libre
	5	Respuesta libre
	6	Respuesta libre
	7	Respuesta libre
246	1	Encerrar el 1° de mayo
	2	Respuesta libre
	3	Respuesta libre
	4	Respuesta libre
247	5	**1)** abogado **2)** ingeniero **3)** escritor **4)** dentista **5)** psicólogo **5)** profesor **6)** doctor
248	1	Respuesta libre
	2	Toda persona tiene derecho al trabajo digno y socialmente útil.
	3	Respuesta libre
249	1	Respuesta libre
	2	Respuesta libre
	3	reglas / puede / armoniosamente
	4	Respuesta libre
250	5	**a)** 20 de noviembre **b)** Respuesta libre **c)** 24 de febrero **d)** Respuesta libre **e)** 18 de marzo **f)** Respuesta libre **g)** 1° de mayo **h)** Respuesta libre
	6	Respuesta libre
	7	**a)** V **b)** F **c)** F **d)** V **e)** F **f)** V

Respuestas de sección: **Educación Socioemocional**

Pág.	Ejer.	Respuestas
251	1	1) Naranja: **d)** 2) Verde: **e)** 3) Azul: **c)** 4) Amarillo: **b)** 5) Rojo: **a)**
	2	Respuesta libre
252	1	**a)** a-p-e-n-a-d-o **b)** t-r-i-s-t-e **c)** f-e-l-i-z **d)** a-b-u-r-r-i-d-o
253	2	
254	3	1) feliz 2) enojado 3) apenado 4) triste 5) cansado 6) orgulloso 7) asustado
255	3	
256	1	1) **b)** 2) **a)** Respuesta libre, ejemplo: utilizar menos el auto. **b)** Respuesta libre, ejemplo: no tirar basura a los ríos.
257	2	**a)** Rojo: niña que tira basura, niña que pinta la banca y niño que arranca flores. **b)** Verde: niños que recogen basura y niño que recoge las heces del perro.
	3	Respuesta libre
258	1	Respuestas sugeridas: **a) b) c) f) g)**
	2	Respuesta libre
	3	Respuestas sugeridas: emocionado, querido, importante o feliz
259	1	Respuesta libre
	2	Respuesta libre
	3	Respuesta libre

Pág.	Ejer.	Respuestas
260	1	Respuestas sugeridas: **a)** por curar a mi mascota. **b)** enseñarme cosas nuevas. **c)** por conducir con cuidado para llevarme a la escuela.
	2	Respuesta libre
	3	Respuesta libre
261	2	**c)**
	3	Respuesta libre
262	1	**a) c) d) g)**
263	1	**a)** perro enfermo / preocupación **b)** niño en escritorio / tranquilidad **c)** niña con examen en la mano / tranquilidad **d)** niño con lupa / preocupación
264	2	4, 1, 3, 2
	3	frío / jugar / clases / estudiar
265	4	**a)** Triste, porque a él le hubiera gustado ir. **b)** No, porque tuvo que practicar mucho. **c)** Feliz, porque valió la pena su esfuerzo. **d)** Respuesta libre
	5	Una cara feliz
266	1	Respuesta libre
	2	Respuesta libre
267	1	**c)** Respuesta libre
268	1	**a)**
	2	**a)** es posible que obtenga una mala calificación. **b)** podrá responder su examen.
	3	**a)** V **b)** V **c)** F **d)** V
269	4	
270	1	**b) c) e) f)**
	2	Respuestas sugeridas: **a)** contento **b)** temeroso **c)** avergonzado **d)** preocupado
271	2	Respuesta libre
	3	Respuesta sugerida: contentos

Pág.	Ejer.	Respuestas
272	1	Paty
	2	No, porque no pusieron atención y no sabrán qué deben llevar.
273	3	**a) b) c) d) f) h) i)**
	4	**a)** Ponerse de acuerdo con sus amigos para que cada uno lleve algo. **b)** No podrán realizar el experimento. **c)** Porque así el trabajo sale bien.
274	1	**b) c) d) e) g) k) l)**
	2	Sí, porque si falta alguno no se podría preparar.
275	3	**a)** La mamá y dos hijos **b)** La niña que está en el sofá **c)** Feliz
276	2	Que dejaran la venta abierta.
277	4	Todos, porque ninguno se fijó.
	5	Respuesta sugerida: que juntos sequen el salón y entre todos repongan los libros y materiales que se dañaron.
278	1	**a) c)** En todas las imágenes alguno de los personajes actúa con honestidad
	3	**a)** Sí **b)** No **c)** Sí **d)** No **e)** No
279	4	honestas / respetadas / deshonestas / confianza
	5	**b)**
	6	Respuestas sugeridas: **a)** contento / triste **b)** triste
280	2	Respuestas sugeridas: **a)** Recoger la basura **b)** Cortar el pasto **c)** Componer los juegos
	3	Respuesta sugerida: Recoger la basura.
	4	Respuesta sugerida: Cuidarlo, No tirar basura.
	5	**a)** cumplir **b)** importante **c)** platicar y llegar a un acuerdo **d)** confianza

Esta obra se terminó de imprimir en enero de 2024, en los talleres de Litográfica Ingramex, S.A. de C.V. Centeno 162-1, Col. Granjas Esmeralda, C.P. 09810 México, Ciudad de México